JN246468

家事調停委員の回想

―漂流する家族に伴走して

中島信子

目次

第6章 遺産分割調停のA to Z

装幀／富山房企畫　滝口裕子

はじめに

昭和六十年（一九八五年）四二歳のときに調停委員になり、家庭裁判所、簡易裁判所、地方裁判所で、足かけ二九年、さまざまな調停事件にかかわってきました。

主な仕事は、家庭裁判所では遺産分割と離婚などの家事調停、簡易裁判所では一般の民事調停のほかに、平成十二年の半ばから十六年の半ばまでは、朝から晩まで「特定調停」と呼ばれる多重債務整理の調停に追われました。

ほかの調停委員の方と多少違う点があるとしたら、かなりの数の渉外事件を担当したことでしょうか。渉外事件とは、当事者双方またはいずれか一方が外国籍をもっている事件です。

どんな国籍の方たちとご一緒だったか思い出してみましょう。

イギリス、フランス、ドイツ、オランダ、イスラエル、コンゴ、トルコ、アフガニスタン、パキスタン、バングラデシュ、スリランカ、フィリピン、中国、韓国、カナダ、アメリカ。

ほとんどの事件が、家庭裁判所での国際結婚の破綻による離婚調停か、簡易裁判所での商業上のトラブルや交通事故、多重債務の整理などの調停でした。少なくとも日常生活に困らない程度の日本語と、ある程度の英語が話せるという方でしたら、国籍を問わず、できるかぎり担当させていただきました。

祖国を離れ、日本に住むことになった方たちと、どれほどお話をしたでしょう。ほとんどの方が、日本独特の生活習慣やものの考え方になじめずに、ひとり「被害者意識」を抱え、「疎外感」にさいなまれ、日本人に「敵愾心（てきがいしん）」をもって裁判所にやってきました。

そんな方たちと、事件の話のつれづれに、日本に住むようになったいきさつや、彼らの祖国の文化や歴史のお話を聴き、ついでに日本の国や日本人のものの考え方についてお話しているうちに、いつの間にか彼らの話しぶりから攻撃的な響きが消えていくのがわかりました。

生まれも、肌の色も、目の色も、話す言語も、年齢も、何もかも違う人たちと、調停をかさねて、話し合ううちに、心が通じ合えるようになる時間が好きでした。そんなとき、多くを学んだのは外国の方たちではありません。私でした。外国から来た方たちと、話せば話すほど、私たち日本人の特異性がわかってきました。もちろん、どちらが良くて、どちらが悪いという話ではありませんが。

話し合いがうまくいき、合意が成立したあとで、ほとんどの方が、日本の調停制度の素晴らしさをほめてくれました。誰も親身になって話を聴いてくれなかったが、このような公の場所で、しっかりした法律の枠組みの中、偏見のない目を向けてもらい、日本人と同じ権利を認めてもらって話ができたと、とても喜ばれていました。そして「もっと早くこのような場があることを知りたかった」ともおっしゃっていました。

ふり返ってみますと、私たち日本人も、家庭裁判所や簡易裁判所での調停制度を、日ごろ耳にすることはあっても、それらの実際的な役割、仕事内容など、思いのほか、わかっていないと感じられることがあります。

離婚にしぼってみても、家庭裁判所での離婚調停を利用する夫婦は十組に一組程度しかおりません。離婚後も未成年の子がいれば、元夫婦が協力して育てていかなければならない現実があるのに、養育費も面会交流の実施も口約束だけで離婚してしまうのは、あまりにも心もとないと誰もが思うはずです。

韓国では、ここ十年ほどで「家族法」が大改正されています。そして、その法改正にたずさわっている専門家がめざす体制の一つに、日本の家庭裁判所の存在があります。すべての県庁所在地に家庭裁判所があり、県の隅々まで支部や出張所があり、家庭内のトラブルにいつでも対応できる組織を、韓国の専門家たちは本当にうらやましいと考えているようです。

では、これほど充実した組織が、どうして多くの方たちに利用されないのでしょうか。

思い当たる理由の一つに、日本では驚くほど簡単に「協議離婚」ができることです。これは日本人特有の考え方、「身内の恥を外に漏らしたくない」、すなわち「外聞が悪いことはしない」があると思われます。

当然の権利を主張し、争うことが「外聞が悪い」と思うように育てられた人々は、家庭内の問題を裁判所にまで行って争う解決法を嫌うのでしょう。

しかし、それよりも、もっと大きな理由は、家庭裁判所、簡易裁判所の調停の存在と、その働きを知る機会に恵まれていないといえないでしょうか。

家庭裁判所の存在は知っているが、明確なイメージを伴った実態がほとんどわからない。わからないから利用できない。

利用すればどんな利点があるのだろうか。

調停は話し合いと聞くが、どんな形で話し合うのだろうか。

憎み合っている人間と面と向かって争わなくてはならないのだろうか。

利用するには多額のお金が必要なのだろうか。

どのような問題を取り扱ってくれるのだろうか。

秘密が外に漏れたりしないのだろうか。

利用したことにより、職場での立場が悪くなったりしないだろうか。

裁判官や調停委員が勝手な判断を押し付けたりしないだろうか。

調停で決められたことはどれほど守ってもらえるのだろうか。

利用を躊躇（ちゅうちょ）している方たちには、次から次と、不安や疑問がうかぶのでしょう。

では、そのような不安や疑問に具体的に応えてくれるところはあるのでしょうか。残念なことに、実際調停に携わった経験をもつ方たちによる、具体的なイメージを伴う答えを提供してくれる場や書物はあまりありません。家庭裁判所や調停制度について書かれたものはたくさんあります。しかし、それらはほとんどが外から見た制度の解説になっています。

では、どうして、実際の調停にかかわってきた調停委員の話などが、一般の人にわかりやすい情報として提供されていないのでしょうか。

主な理由は、調停委員に課せられた守秘義務です。誰とどんな調停をしたかということは、生きている限り他言してはならないものです。

それと同時に、調停というものは、個々の当事者の抱えている問題だけではなく、その人の気質、生育歴、周囲の肉親、縁者の存在などが大きくかかわってきますし、担当した調停委員の経験、個性などに負う部分も少なくないので、一つとして同じ事件、同じ解決法はないということです。これが、事件を類別して解説することはできても、一歩深く入り込んだものが書けないという理由にもなるのでしょう。

インターネットを開けば、弁護士の方々による「離婚はお任せ」とか「有利な離婚を」とか「より多くの遺産を得る方法」などの書き込みが目に付きます。

最高裁判所をはじめ各種の裁判所も、さまざまな情報を載せています。さすが専門の方たちが書いたものですから、水も漏らさぬ情報です。

しかし、一つだけ欠けているところがあるのに気がつきます。どの情報にも、事件当事者の姿がまるで見えてこないことです。それは、よく練られた海外旅行ツアーのようです。歴史ある立派な外見の建物や、美しい街並みをあますところなく案内してくれますが、そこに住む人々の日常がまるで見えない旅です。

どうせ旅行をするなら、その土地の人々の日常生活を知りたい。町はずれの小さな食料品店へ入ってみたい。台所も見せて欲しい、夕食もご一緒して家庭の味を知りたい。しばらくお喋りもしたい。そうすれば、初めて訪れる不慣れな国も、親しみの感じられる場となるに違いないでしょう。

まえおきが、ずいぶん長くなりました。

というわけで、この本では、万全の注意をもって守秘義務を守りながらも、具体的なイメージがしっかり伝わるようなかたちで、家庭裁判所とその中で働く裁判官はじめ調停委員、調査官、書記官たちの姿と、同時に調停事件を申立てられた方たちの姿を書いてみようと思うのです。

気取った歴史的景観地を上品な微笑みを浮かべながらご案内するのではなく、地元の裏通りにある馴染みの居酒屋にお連れするような気持ちで、ちょっと興味深いお話も交えながらご案内したい。そして、少し肩の力をぬいて、世界に誇る日本の家庭裁判所の中身を肌で感じて欲しいと思ったのです。

最初の数章は、旅に例えれば、大通りに面した格式ばった建物の説明のようなものです。あまり面白いものではありませんが、後半の横丁の話を理解していただくうえでは必要な部分ですので、少し辛抱して読んでくだされればと思っています。

第1章　家庭裁判所と家事調停委員

(1)　調停委員とは

まず、最初に調停委員とはどんな人たちでどんな仕事をするのかから書き始めましょう。

インターネットで裁判所のウェブサイト（courts.go.jp）を開いてみてください。調停委員に関して次のような説明があります。

「調停委員は、調停に一般市民の良識を反映させるため、社会生活上の豊富な知識、経験や専門的な知識をもつ人の中から選ばれます。具体的には、原則として四十歳以上七十歳未満の人で、弁護士、医師、大学教授、公認会計士、不動産鑑定士、建築士などの専門家のほか、地域社会に密着して幅広く活動してきた人など、社会の各分野から選ばれています。」

また、その続きに、地方裁判所、簡易裁判所に属する民事調停委員、家庭裁判所に属する家事調停委員について、その調停の内容が書いてあり、最後のところで、調停委員は、非常勤の裁判所職員であるとも書いてあります。ぜひ読まれることをおすすめします。

また、付け加えますと、任命者は「最高裁判所」で、任期は二年間。その間、特別の理由がない限り、七十歳の退任時まで再任されるのが通常です。

私はといえば、法律家でもなければ、臨床心理士でもありません。家庭裁判所、地方裁判所、簡易裁判所で、家事調停員二八年間、民事調停員を十四年間、計二九年間調停委員を務めただけの、何の資格ももたない素人です。もし、ほんの少し法律を知っているとしたら、それは「門前の小僧習わぬ経を読み」の類です。憲法、法律を基礎から学び、しっかり構築された法的知識、法的思考方法をもっているわけではありません。事件の担当を命じられるたびに、必要な法律を丸暗記するといった付焼刃的な学習をたよりに、複雑で微妙な、ときには重大な法律問題を含む調停を担当している場合などは、担当裁判官と評議し、指示を仰ぐことで、なんとか事なきを得てきました。

家事調停委員と、民事調停委員の仕事は根本的に違います。その違いを簡単に書いてしまうと、「家事調停は家族間の紛争を取り扱い、民事調停は他人間の紛争を取り扱う」となります。そこで、この本では基本的には家族間で起きるさまざまな争いの調停、すなわち家事調停事件に絞って書くつもりです。

家族間の紛争は、法律のみで解決できるものではありません。しかし、調停にかかわっていれば、法律関係すべてを裁判官任せというわけにはいきません。最少限の家族に関する法律の知識は必要ですし、意外なことに明治憲法下の家族法、相続法さえ知らなくては解決できない事件に遭遇することもあるのです。

調停委員の平均年齢は六十歳ぐらいでしょうか。男性調停委員に限って言えば、もう少し年齢は高くなるかもしれません。

家事調停は原則、男女一組の調停委員と裁判官が「調停委員会」と呼ばれるチームをつくって行われます。例外的に調停委員が三人ということもありますし、民事調停の場合は同性の調停委員が二人ということもありますが、どんな事件でも、裁判官がいないということはありません。

三頭立ての馬車の姿をイメージしてください。その三頭の馬は並列で走るというよりは、三角形をつくって走ります。三角形の頂点、すなわち先頭を走るのは裁判官です。そして、残りの二人がその後ろを走るといったフォーメーションです。ただ、裁判官は同時に多くの事件を抱えていますから、いつも一つの馬車の先頭を走るわけにはいきません。ときには別の馬車の先頭を走らなければならないこともあります。でも、調停室に裁判官の姿がないからといって、関与していないわけではありません。

家事調停事件というものは、もともと人間同士の感情のもつれから生じたものが大多数ですから、法律のみで解決しようとすると難渋することが多いものです。しかし、裁判所という場所で問題を解決するのですから、あくまで法律を無視するものであってはならないということはわかっていただけると思います。

ある裁判官がおっしゃった言葉がとても印象的でした。

「裁判は法律に沿った細くて真直ぐな道です。それに比べ、調停ではその道幅が五倍にも十倍にも広がると考えてください。結果、広くなったぶんいろいろ考慮すべきものが見えてくると思います。しかし、その道から大幅に外れてしまっては困ります。」

(2) 民間のADRと裁判所の調停による紛争解決の違い

最近ではADR(Alternative Dispute Resolution=裁判外紛争解決手続き)と呼ばれる裁判以外の方法で問題を解決する場がたくさんできてきました。

実は、裁判所内で行われる調停も、公的なADRなのです。

では、他の機関のADRの紛争解決と、家庭裁判所の調停での紛争解決の決定的な違いはなんでしょうか。

一言でいえば、家庭裁判所の調停で得られた「調停調書」には、人事訴訟の裁判で得られた「確定判決」、または審判で下された「確定審判」の内容と同じ法的効力があるということです。

突然「調停調書」「確定判決」「確定審判」など聞き慣れない言葉が出てきました。もう少し辛抱なさって読み進めてください。これから徐々に書いていきます。

他の機関でのADRによる紛争解決には法的効力は望めません。一つだけ判決文と同じ力をもつものに公証役場で作られる「公正証書」がありますが、これは調停委員の仕事から外れますので、ここでは詳しく入り込まないことにします。

次は家庭裁判所で行われる調停には二種類あるということを書いてみます。ただ、それを詳細に述べるにはかなりの枚数を要しますし、調停を利用なさろうという方たちにはさほど必要のない情報でしょうから、基本的な分類を書くだけにとどめます。興味のおありの方は、またまた、インターネット（courts.go.jp）を開いてください。驚くほど丁寧な情報がのっております。

まず、一つ目のグループは「離婚」、「離縁」、「離婚に伴う慰謝料請求」、「離婚後の紛争」、「認知」などの夫婦、親、子等の関係についての紛争を取り扱うもので、これらはまず調停で話し合うのが原則です。これを「調停前置主義」といいます。調停でうまく解決できないときには、調停は「不成立」となり、その後も解決を求めたい場合は「人事訴訟」と呼ばれる裁判での判決を求めることになります。

二つ目のグループは、離婚に際する「財産分与」や「親権者の指定または変更」、別居中の「婚姻費用分担」、「子の監護に関する処分」、「遺産分割」などで、まず調停で話し合います。話し合いが合意に達しないときは、調停は「不成立」となり、自動的に「審判」に移されます。ただし、不成立前に中立人から調停取り下げの手続きが取られますと、審判には移りません。

また、どんな調停でも、当事者（中立人と相手方）が話し合いの結果、問題解決に合意ができますと、その合意したものは文書化されます。これが「調停調書」と呼ばれるものです。

簡単すぎるほど簡単な説明ですが、これで、先ほどから調停での合意を文書化した「調停調書」の内容には、裁判による「確定判決」、または審判による「確定審判」と同等の法的効力があると、裁判と審判を並行して書いているわけがわかっていただけたと思います。

では、次に「人事訴訟＝人訴」と呼ばれる「裁判」と、「審判」の違いを少し書きます

裁判で取り扱う事件の種類は前記の通りです。まず、調停前置主義に則り、調停を受けますが、合意に達しなかった場合は、当事者が「人事訴訟」を起こさなければなりません。

裁判は家庭裁判所内に設置された法廷で、原則、裁判官、書記官が担当して行われます。法廷には一段高いところに裁判官の席があり、両脇には「参与員」の席もあります。

「参与員」とは家庭裁判所から選任された非常勤の裁判所職員で、事件ごとに指定されて、離婚訴訟など人事訴訟事件の証拠調べや和解の試みなどに立ち会います。私も十数年間「参与員」でしたので、人事訴訟事件の裁判に立ち会った経験があります。

裁判官の席に直角になるよう、左右別々に原告席、被告席があります。裁判になりますと、申立人、相手方というおだやかな呼び方はしません。原告、被告となります。後方には傍聴席があります。もちろん当事者が依頼する弁護士も同席しますし、必要があれば「利害関係人」として、事件に関して利害を受ける人や証人などにも出頭していただき、意見を聞かせてもらうこともあります。また、民事裁判ほどではありませんが、傍聴することも可能です。民事裁判と違うところは、「参与員」が、審議や和解の試みに立ち会ったり、意見を述べたりすることです。また、子どもの親権者指定などの場合には、「調査官」が子どもに直接面接して調査し、資料作成、提出といったかたちで関与します。

「調査官」は家庭裁判所が家庭裁判所たるゆえんになる重要な役割を担った方たちです。この

官職の説明は、膨大になりますので、詳しく知りたい方は、インターネットや参考書で調べることをお勧めします。また、後ほど、もう一度「調査官」に触れることになりますので、このへんで、話を先に進めることにしましょう。

次は、審判の説明です。

少年事件の場合にも審判という言葉が使われますが、少年事件には家事調停委員は関与しませんので、ここでの審判はもっぱら家事審判に限定させていただきます

審判で取り扱う事件は先ほど書きましたが、実は、上記の事件以外にも別分類で審判が取り扱う事件があります。それは、「子の氏の変更許可」、「相続放棄」、「名の変更の許可」、「後見人の選任」、「養子縁組の許可」などで、これらの事件の特色は対立して争う相手がないということで、本人の真意を確認したのちに「審判」が下されます。

次は争いを伴う審判事件です。どんな事件があるかは先ほど書きました。

裁判と違う点は、まず、法廷は使われません。調停室を少し大きく立派にしたような部屋を使います。裁判官が座る椅子も、調停委員がいつも座る椅子よりはかなり立派です。でも、この部屋は、審判で使われないときは、調停にも使われることがあります。特に当事者が多い遺産分割の調停のときなどによく使われますが、そのときは、調停委員は裁判官でもないのに、立派な椅子に座らせていただくことになります。当然ながら、立派な椅子は座り心地良く造られています。

取り扱う事件はプライベートに関するものですので、当事者以外の人の傍聴は許されません。調停でかなり話し合いがなされた後の審判ですが、当事者は改めて裁判官から事情を訊かれ、事件に関する書類を求められます。また調査官からの調査資料も参考にされて、最終的に「審判」が下されます。これに不服がある場合は、二週間以内に高等裁判所に「即時抗告」と呼ばれる申立てをします。この申立てがないことが確認されますと「確定審判」となり、「即時抗告」がなされたときは、「審判」は無効となります。

(3) リークの話

私は、この本のなかで、家事調停に関して、守秘義務違反にならない程度のリークをしてみようと思っています。最初に書きましたように、インターネットや参考書には書いていないもの、言いかえれば、長年調停委員をやってきた私の思い出話、調停の裏話のようなものを書こうとしているわけです。

これは、ある意味とても危ういことです。どこまで書いていいものか、迷うばかりです。しかし、あまりにも用心深くては、書く意味がなくなってしまいます。「リーク」はどこまで許されるのでしょうか。

「リーク」といえばある出来事を思い出しました。

かなり昔の話です。

裁判または審判の場で争ったことのある弁護士の方たちからは「女神のような裁判官。ただし、時には鬼女になる」とかなり畏れられていた女性裁判官がいらっしゃいました。難渋した調停では随分お力をお借りしましたが、ある離婚事件がとうとう調停不成立となり「人訴」に移ることになりました。そうなりますと調停で関与した調停委員はもう一切その事件にかかわることはできません。子をめぐっての熾烈な争いがありましたので、私はその後も、裁判の結果が気になっておりました。

そんなある日、裁判所内で、例の裁判官が私に目配せをすると、人の耳の届かないところに引っ張って行かれました。そして、突然「リークします！ ただし、今、聞いたことは、即、忘れてください」といって始められました。

「リーク」の内容は、近く下す予定の例の事件の判決に関するものでした。それは私が望んでいた結果とは違ったものでした。親権を取れない親はどんなに辛い思いをするであろうかと、不覚にも涙を流してしまいました。

そのとき、裁判官がおっしゃいました。「あなたの気持ちは痛いほどわかっています。でも、この決定は当事者の二人の子どもたちの希望に従ったものです。いちばん大切なのは子どもたちですから。」

「いちばん大切なのは子どもたちですから」。まさにその通りです。私は深く頭を下げてその場を立ち去りました。

あれから二十年近くたちます。「即、忘れてください」と言われた頭脳明晰な裁判官の言葉に反し、これはいつまでも忘れられないものになっています。というわけで、私は尊敬する裁判官がリークしてくださった「忘れなければならないこと」を、今、こんな形でリークしています。

守秘義務には時効はないようですので、私は少しドキドキしています。とにかく、守秘義務は調停委員にとって絶対守らなければならないことなのです。

ただ一つ、守秘義務を犯していい場合があります。それは、調停中に知りえた子どもへの虐待、ネグレクトの事実です。この事実を知ったときには、裁判官、調査官、調停委員、弁護士の立場を問わず、早急に児童相談所に通報しなければなりません。全国共通ダイヤル一八九で近くの児童相談所につながります。

以前は、この通報さえも調停委員には許されませんでした。ですから、「調停は密室内の話し合い」とされ、けっして外に漏れないものとして信頼されてきました。そう言いながら、続いてこの密室内の出来事を書こうとするのですから、なかなか、覚悟がいります。

第2章　調停の申立てから合意成立まで

(1)　調停室の現場と守秘義務

おわかりのように、調停は声が外に漏れないように造られた防音精度の高い部屋で行われます。守秘義務の厳重さはかなりのものですので、じっさい調停を経験なさった方以外の方たちには、調停現場を想像することは難しいのではないでしょうか。

たまにテレビのドラマなどで、調停の場面などが出てきますが、まず真実からかなりかけ離れて描かれています。もっとも、医療現場のドラマや刑事もののドラマであっても、かなりウソっぽいものが氾濫していますから、なにも目くじら立てることもないのですが、あまりにも実態からかけ離れていますと、何も知らない方たちから、どんな誤解をされるだろうかと心配になります。

とは言うものの、あまり厳密に真実を書いてしまえば、また、別件のリークではないかと言われそうですので、守秘義務を犯さないよう十分気をつけて書かなければなりません。

調停を申立てる方は、まず、戸籍謄本や住民票のような公的な資料を用意します。その他に、申立書という形で、申立ての理由などを書いたものを用意します。以前はこの中立書は、相手方には見せないことになっていましたが、最近では、調停が始まる前に相手方に渡されることになりました。相手方はこれを読んで、なぜ自分が家庭裁判所から呼び出しを受けたのか、前もって知ることになります。

初めて家事調停を受けに家庭裁判所へいらっしゃる方はさまざまです。老若男女、ガチガチに緊張なさっている方、いざ出陣、戦闘開始！といった闘志満々の方、話をする前から負けいくさ覚悟の方、すべてに投げやりの方や、被害感情にとらわれてしまっている方、一触即発といった方。

要するに、調停は「理性的かつ合理的に、腹を割った話し合いをする場」のはずですが、その目的にはおよそそぐわない精神状態でいらっしゃる方が多いのです。

ですから、調停委員にとって、最初のいちばん大切な仕事は、事件当事者に、この異様に高揚した、また異様に落ち込んだ状態、言いかえれば「普通でない精神状態」から平常心に戻っていただくことです。

ということで、私のような力のない調停委員は、最初に何でもない話から始めさせていただきます。偉そうな態度を取ると直ぐ見破られてしまいます。当事者は私たちが想像する以上に敏感になっています。そこで、さりげなく冗談の一つも言ってみて、ここで顔の緊張をゆるめ、ニコッとされかけたら、「さて、調停を始めましょうね」とゴーサインを出すことにしております。

先ほど書きましたように、当事者双方は、一人ひとり個別に、調停室と呼ばれるプライバシーが守られる個室の中で、二人の調停委員と話し合うのが通常のやり方です。

ただし、本来は中立人、相手方が二人の男女調停委員とともに一室で面と向かって話をする「同席調停」が原則なのです。たしかに、これは双方の言い分をストレートにわかり合ういちばん合理的なやり方と思われます。しかし、私の経験ですと、実際のところ、これはなかなかうまくいかないことが多いのです。

まず、調停で理想的に話し合うためには、申立人、相手方が資質的にも、過去の生活歴からも対等の立場にあるということが求められます。しかし、現実的には恐ろしく言語能力の優れている方、気の毒なほど訥弁(とつべん)の方。また一つの家の中でも、どちらかが常に上位に立ち、どちらかが常に相手の言いなりになってきたご夫婦もおります。すぐ激昂(げっこう)して大声を出す方。相手が目の前にいると萎縮して何も言えなくなってしまう方もおります。

そのうえ、私たち日本人は概して、相手の立場を十分受け入れたうえで、自分の権利を理性的に冷静に主張することが苦手なのです。また、相手の主張を冷静に最後まできっちり聴くということも苦手なようです。

どれほど、調停委員が話し合いのルールを提示しても、たいてい十分もしないうちに、双方が感情的になってしまうことが多いのです。

結局は「はい、はい。わかりました。それでは一度、ご自分の待合室にお戻りになってください。その後、申立人の方から順に一人ひとりゆっくりお話を聴かせていただきますね」となってしまいます。

もともと、相対して冷静に話し合えないからこそ、調停を申立てたということを考えれば、言葉のみで相手と対等に渡り合うことがいかに難しいか、おわかりになっていただけると思います。「それができれば、裁判所には来ませんよ」と言われるのがオチでしょう。

では、ふつうは、調停室の中に、申立人、または相手方以外の方は入ることはできないのでしょうか。

はい、できません。もっと正確にいえば、「特別の理由」がない限り、できません。当事者の肉親、友人、知人等は調停に同席することはできません。例外は当事者から依頼された弁護士だけです。

では、「特別の理由」とはなんでしょうか。考えられるのは、当事者が外国の方で日本語が話せない場合です。英語が母国語でない方でも、ある程度英語が話せる方でしたら、調停委員の中には英語が堪能な方はいくらでもおりますから、通訳の方はあまり必要ありません。しかし、自国語しか話せませんという方の場合は、どうしても通訳の方の同席が必要になってきます。それから、言語の使用に障害のある方などには、日ごろ一緒に生活していて、当事者の主張したいことを十分代弁できる肉親の方などに同席していただくこともあります。もちろん「特別の理由」

が裁判官に認められませんと、同席はできませんので、その旨書記官に申し出ていただかなくてはなりません。このような理由以外で当事者に付き添っていらした方は、「待合室」でお待ちいただくことになります。

もちろん、「待合室」も、対立している当事者がかち合わないように、「申立人待合室」と「相手方待合室」はそれぞれ離れたところに用意されております。

当事者が同居中にあまりにも熾烈な家庭内暴力を受け、そのPTSD（Post Traumatic Stress Disorder＝心的外傷後ストレス障害）等で、相手方と同じ階、または同じ建物にいるというだけでパニックに襲われるというようなことがあります。そのようなときには、安心して調停を受けていただけるよう万全の策を講じます。たとえば、申立人と相手方の待合室を別の階に設けるとか、調停日を別々にして、同時に裁判所に居ないようにするとか、などです。

ストーカー行為を受けそうな場合は、裁判所内の職員を総動員して、あちこちに目を配り、当事者の到着時から、調停終了後無事に自宅に帰ることができるまで、連携プレーの策をねります。具体的手段はここでは内緒にしておきましょう。せっかくの秘策、手の内を開示するのはキケンです。「大丈夫、裁判所を信用してください」と申し上げるのみです。ですから、そのような心配があるときは、遠慮せずに受付にいる守衛さんや書記官にお伝えくださるのがいちばんです。

ここで、また、昔のエピソードを一つ。

渡された事件簿の表紙にⓀと書かれたものがありました。「何の頭文字ですか」と書記官にたずねましたら、「キケンのKです」との答えには肝をつぶしました。「身の危険を感じたら、大声を出してくださいね。すぐ駆けつけます」との激励の言葉を背に、音の漏れない調停室に入っていくには少々勇気がいりましたが、実際のところ、裁判所にいらしてまで危険なふるまいをなさる方はそうはおられないようです。絶無とは申しませんが。

また、これは内緒にしておいたほうがよいのかもしれませんが、最近では調停室の中に、外部に通ずる非常ベルが設置されるようになりました。これは調停委員の身の安全のみならず、当事者の身の安全をも守るものであることはおわかりいただけるものと思います。

というわけで、とにかく時代とともに、当事者が少しでも便利に安心して調停を利用できるよう、さまざまの工夫がなされるようになってきました。最近の改正では、遠くに住む当事者、または身体的その他の理由でどうしても裁判所においでになれない方たちのために、電話、テレビを通して調停が行われる方法も当たり前になりました。

(2) 調停の中立性

さて、特殊なケースはこれくらいにして、大多数の当事者があてはまるふつうの調停での話し合いの実態をもう少し書きましょう。

まず、調停委員にとっていちばん大切なこと、厳守しなければならないことが二つあります。

一つは前にも書きました守秘義務です。そしてもう一つは、いかなる場合でも「中立の立場」

を取るということです。

そして、双方から別々に話を聴きながら、解決へ向かって「伴走」します。あくまでも、解決への指示、命令は出しません。当事者が大幅に横道にそれて、解決への道筋を見失ってしまわないよう、ただ「伴走」するのみです。往々にして「道草を食う」ことに夢中になりすぎて、なかなか前進しない方もおいでです。が、そんなとき、気の短い調停委員などが、思わず急かせたりしますと、大変な不評を買います。私などはその代表でした。

また、家庭裁判所の調停では、調停委員と呼ばれる素人（もちろん、調停委員の中には現役の弁護士、元検事、元裁判官、法学部の教授等、多数おいでですので、あながち素人の集団ではないということも知っていただきたい点です）が、事件の解決に指示を出すとの苦情を受けることがありますが、あくまで私たちの役目は、「合意という到着点まで伴走すること」です。ただ、そのような苦情があるということば、やはり調停中に当事者の納得のいかない伴走をしていたということですから、真摯に受けとめなければならないのは明白です。

そこで、調停委員は、中立を守るという立場から、中立人、相手方双方から原則同じ時間を割り当てて話を聴くことになります。もちろん、話すことが上手な方、訥弁の方、興奮のあまり、または悲しみのあまり上手に話ができない方もおります。そんなときは少し時間の割り当てが不公平になることもあります。

中立人だから調停委員は有利に話を聴いてくれるだろうとか、こわもてに話をすれば調停委員を自由に操作できるだろうとか、逆に泣き落とし戦術を使ってみようとか、「後出しジャンケン」で相手の裏をかこうとか、当事者はそれなりに策を講じたりすることもおありのようですが、たいてい功を奏することはないようです。

そして、話し合いの結果たどり着いた解決案に、双方合意の確認がとれれば、調停成立となり、「調停調書」として文書化されます。

(3) 合意の確認と調停成立

この「双方合意の確認」という行為には、決まった作法があります。

まず、一つの大きな机を囲んで長い方の一辺に、裁判官を中央に、両調停委員が左右に座ります。同じ机の出口に近いところに書記官が座り、もし調査官が立席している場合は反対側の奥に座ります。事件の当事者は裁判官・調停委員と相対する側に並んで座ります。

この場合、当事者の中には、どうしても相手方と顔を合わせたくない、並んだ席に座りたくないと、同席での調停成立を拒む方がおいでです。そこで、非常に葛藤の高かった離婚調停の成立時などには、一方の当事者だけで合意の確認の儀式を行って、その後待合室で待ってもらい、次にもう一方の当事者に入室してもらい同じ儀式を行い、合意の確認ができたところで、改めて、個々に調停成立を告げるということもあります。

ただ、私は冷たいようですが、たとえ相手の方と顔を合わせるのがどれほど辛くても、特に、未成年の子どもを抱えて離婚をするお二人には、ほんの五分程度ですから我慢して同席してくださいとお願いします。

理由は簡単です。調停成立ということは、合意の形成であり、それなりの和解がなされたということです。この場で、幼い子どもの今後の養育等に関しての約束事が交わされるのですから、たった五分程度の成立の儀式にも同席できないようでは、これから続く子どもへの養育費の支払い、面会交流の実施など、離婚後の親としての共同作業ができるとは思えないのです。

「調停条項の読み上げを一緒に聴いてください。二人で同時に同じ言葉を聴いて、お互いが調停条項に合意したということを確認し合ってください」と申し上げます。これは大切なことと思いますが、時には強引な調停委員だと不評をいただきます。

ということで、大きな机の真向いに座った当事者二人に対して（遺産相続の場合、当事者はもっと多数になりますが）、裁判官が文書化された調停調書を読み上げます。これが裁判での判決文の読み上げに相当します。そして、その後、裁判官は双方に、「これでよろしいですね」といった内容の言葉で合意の確認をいたします。そして、双方の当事者が「はい」と答えた瞬間に調停成立となります。

こんなときには、裁判官、特に男性裁判官が朗々とした声の持ち主であると、なんとなく厳粛な空気につつまれます。ときには、緊張のせいか裁判官の声が裏返ったりすることがあります。脇に座りながら、「裁判官も発声の訓練が必要だな～」など、よけいなことを考えたりすることもありますが、とにかく、これは厳粛な一瞬です。

ですから、成立後に「やっぱり、やめた」などということはいっさい認められません。また、「そんな話は聞いていない。裁判所が勝手に決めたのだ」などのクレームも却下です。

合意できないものであれば、調停成立の前に徹底的に話し合わなければなりません。調停というのは、あくまでも事件当事者の話し合いです。相手の立場もある程度は認めて、妥協するところは妥協し、一〇〇%満足できなくとも、合意できるものであれば合意するという、かなり「自主的で、理性的、なおかつ合理的な判断」を求められる話し合いなのです。

言うまでもなく、裁判所側も調停調書に手落ちがありましたら、その責任は重大になりますから、裁判官、調停委員、書記官が頭を寄せ合って何度も調停条項の確認をします。条項に法律的な文言が多くあるときなどは、「読み上げの儀式」の前に、各当事者に噛んで含めるようにその説明をいたします。法律用語（というよりは、調停用語ですね）は長い間仕事をしておりますと、いつの間にか日常語となってしまいますが、初めて調停の場に臨まれた方には一語一語が難解な言葉であることが多いものです。

また、面白いことに、法曹界特有の物言いがあるのです。

例えば、「これは悩ましい事件ですね～」という表現です。もちろん、日常的に使われる官能を刺激する「悩ましい」という意味ではありません。私などは初めてこの表現を耳にしましたときは、お恥ずかしいことですが、「えぇ～！　どこが？」と思ってしまいました。また、お墓や仏壇のお守りを続けていくことを「祭祀承継」といいます。一般的な「継承」という言い方はしません。個々にという意味では「別個に」という表現を使うのがふつうのようで、「個別に」「個々に」「別々に」という言い方はしないようです。

また、ささいなようですが、調書の中の申立人、相手方、その子どもなどの名前も間違って読み上げたりしますと、問題になります。最近では特に読みにくい名前をもった方が多いので、何度も確認いたします。用心深い裁判官は鉛筆で名前の下にカナを振ったりしておられます。

読み上げに使われる調停調書は実は下書きでして、「原本」は数日後にでき上がり、裁判所に保管されます。離婚調停の場合などは、申立人がこの「調停調書」を持って市役所で離婚の届出をします。このことからもお判りでしょうが、この調停調書で離婚手続きをすませますと、戸籍に「調停離婚」と記載されます。また、届出をしないでいると、法的には離婚したことになっていますが、戸籍上はいつまでも夫婦でいることになります。また届出には市役所に用意されている協議離婚用紙は使いません。よく調停の場で、「いつでも離婚用紙もってこい。ハンコを押してやる」とハンコを振りかざす方がおいでですが、調停離婚の場では離婚用紙もハンコも必要ないのです。

細かい約束事が書いてある調停調書のときは、相手方にも保管用の調停調書＝謄本をお持ちになるようお勧めしています。毎月支払う養育費の支払い期日、最終支払い日、その他いろいろと厳守しなければならないことが書いてあります。十年、十五年の先までの約束もありますから、です。

「ついうっかり」などのないように、たまには「調停調書」を取り出して、確認して欲しいもの

遺産分割調停の調停調書なども、かなりこまごまとした条項が続きますので、自分用に謄本を持つことをお勧めします。

そんなこんなで、調停委員は、成立時の調停調書の読み上げが終了するまで、胃が痛くなるほどの緊張を強いられるものです。

そして、その「調停調書」は、「確定判決」、「確定審判」と同じ法的効力をもっていながら、そのための手続きには、申立て時に千二百円の収入印紙と八百円程度の切手代と必要な添付書類を用意するだけで済むのです。そのように簡便な手続きで、それなりの法的効力をもつ解決案を手に入れられる調停は、本当に使い勝手の良いＡＤＲではないかと思われます。

これも、ちょっとしたエピソードです。

ある調停終了後、少しお年をめした品の良いご婦人が、おもむろにお財布を取りだすと、「それで、おいくらお支払すればよろしいのでしょうか」とおっしゃったことがありました。

「いえ、いえ、その必要はございません。それよりも最初納めていただいた切手代が少し残っているようですから、それを受け取ってお帰りください」と申し上げたら、それはそれは、恐縮なさっておいででした。

また、ときには、弁護士さんを依頼しなければ調停で不利な立場に立たされるのではないかと心配される方もおいでです。そんなとき、調停委員はどんなときでも中立の立場を守りますからと申し上げます。事実そうですので、その心配はひとまず脇に置いてくださいとお伝えします。でも、どうしても弁護士さんの手助けがあったほうが良いかなと思われることもあります。

例えば、あまりにも自分勝手な考えに固執している方。相手方を嫌悪するあまり、理性では十分理解していても感情的に合理的判断を受け入れられない方。「ともに地獄に落ちてやる」とかたくなになっている方。毎回意見がコロコロと変わる方。なかには「お前ら、調停委員は国家公務員だろう。国家公務員なら国民の声を聞くのが責務だろう。オレは日本国民だ。だからオレの言うことを聞け」などとおっしゃる方。このような場合には、ご自分の権利、利益を守るために、専門家にご相談なさるのもよろしいかなと思うことがあります。

もちろん、このような方たちからじっくり話を聴き、一緒に解決の糸口を見つけるのが調停委員の仕事ですし、上々の首尾となれば、それこそが仕事の醍醐味でもありますから、たいていのことではへこたれません。もちろん、立場上こちらから、弁護士さんに依頼したほうがよろしいのではとは申し上げることもできません。

ただ、弁護士さんに依頼したいけれども、その経済的な余裕がないという方には「法律扶助制度」の存在をお伝えします。全国一一〇か所に国が設立した公的機関「法テラス」へ相談に行かれれば、それなりの道が開けるはずですと申し上げることもあります。

ここでまた、あるエピソードを書いてみようと思います。

ある場所で、若い弁護士さんとお話をする機会がありました。彼は調停事件、特に離婚調停は苦手だとぼやいておいででした。理由をお聞きすると、「せっかく合意に達して調停が成立しても、心からお礼を言われることはめったにありません。たいていの方が暗い顔のまま事件が終わりになります」とのこと。

私はその話を聴いて、この弁護士さんはなんて誠実な方だろうと思いました。そこで、長年調停委員をやっていた私は、私なりの心の内を話しました。

「私たち調停委員は、調停成立時に底抜けに嬉しそうな顔をした当事者がいたら、内心この調停は失敗だったのではないかと心配になります。特に離婚調停の場合などはそうですね。だって、どう転んでも離婚は嬉しいことではないでしょう。それなのに、一方の当事者が底抜けに嬉しそうな顔をしますと、この合意は本当に公平なものであったのだろうか。一方の当事者だけが有利になる合意だったのではないかと心配になります。離婚調停の合意は嬉しさも折半、辛さ、悲しさも折半であって欲しいですから」と言いましたら、その若い弁護士さんは「たしかにそうですが。やっぱり依頼人の喜ぶ顔がみたいです」とつぶやいておいででした。

依頼人の権利、利益を精一杯守らなければならない弁護士さんのお仕事と、いつも中立であることを第一としなければならない調停委員の立場とはこのように違うのです。

では、話を少し先に進めましょう。

何度話し合いを繰り返しても、どうしても紛争解決に合意がなされないときはどうなるのでしょうか。

そんな場合は、前に書きましたように事件によって、家庭裁判所で人事訴訟というかたちで裁判をするか、自動的に審判に移って決着を得るかということになります。

(4) 調停による問題解決と裁判・審判による問題解決の違い

繰り返しになりますが、調停成立とは双方の「合意のもと」にできたものですから、「調停調書」に書かれたものは、それぞれが納得して決めたものです。あとになって「調停調書」に不服を唱えることはできません。

逆に、裁判や審判で裁判官から下される決定には、当事者の合意は必要としません。下された決定に不服であれば、高等裁判所に不服を申立てることができます。そこが、裁判や審判による解決と、調停による解決の大きな違いでしょう。

また、「調停調書」に書かれた「調停条項」が履行されなければ、家庭裁判所は当事者の申し出により「履行勧告＝約束はちゃんと守って実行してくださいよ」を出すこともできます。また、審判の決定事項の不履行にも同じ勧告がなされます。これは家庭裁判所独自のアフターサービスです。それでも履行されない場合は、調停調書を持って地方裁判所に行き、強制執行（現在は民事執行といわれます）を申立てることができます。

ただ、強制執行を行うのにはそれなりに手間ひまがかかります。支払義務のある者が、どうしてもその義務を逃れようと画策しますと、逃げ回るウナギを手掴みするようなもどかしさがあります。

ところがここ数年間、離婚等の家庭内のトラブルで当事者の子どもたちが不当に不利益を受けないよう、法律が改正される動きが活発になってきています。

たとえば、養育費の不払い等に関する強制執行＝民事執行手続きも簡素化される方向で、二〇一六年秋に「法制審議会」が設けられ、「民事執行法改正」の一部として、二〇一八年には国会に提出されることになるようです。

戦後の改正民法の成立から七十年たっての、やっとの動きですから、「遅きに失する」との感はぬぐえませんが、大人同士の争いの中で無視されがちな子どもたちの権利に、誠実な目が向けられ始めたのは、実に喜ばしいことと思われます。

(5) ハーグ条約の締結と子の引き渡しの強制執行について

また、喜ばしい話のついでにもう一つ。

これも地方裁判所の仕事になりますので、少し横道にそれますが、「民事執行法改正」の準備の中に「離婚した元夫婦間などでの子どもの引き渡しに関するルールを設ける」という事項が入っていることです。

ご存知のように、二〇一三年に日本でも「ハーグ条約」、詳しく書けば「国際的な子の奪取の民事上の側面に関する条約」の締結が承認され、その「実施法」が成立しました。ということは、今後は国際結婚がうまくいかなくなったということで、子どもを連れて勝手に日本に戻ってくるというようなことはできなくなるわけで、もしそのような不法な行為（ハーグ条約の締結前は、このような行為は、日本では、あながち法に反する行為とは認識されていませんでした）を犯せば、一方の親から「子の返還、引き渡し＝現状復帰」の訴えがなされることになることは必至です。

また、逆に、日本に住んでいる外国人の配偶者が、無断で子どもを連れて日本を出てしまうのも不法な行為になります。国際結婚の破綻による離婚調停をかなり担当しましたが、日本に住む日本人の親はこの点をいちばん恐れていました。とにかく、二〇一三年までは一方の親が無断で子どもを連れて外国から戻ってくるのも、子どもを連れて国外に出てしまうのも、日本政府は法に反する行為とは認めていませんでした。しかし、ハーグ条約が締結された今では、このようなことは許されません（もちろん、例外的に認められる場合もありますので、詳しいことは「ハーグ条約」をお読みください。インターネットにも、英文、和文で掲載されております）。

また、そのような考えが一般的になれば、今後は、国内の日本人同士の結婚でも、今まで当然のように行われてきた、一方の親が、子どもを連れて突然実家に戻ってしまうような行為にも厳しい目が向けられるようになり、その結果「子の返還」といった訴訟がますます多くなろうと思われます。

ここで深刻な問題が出てきます。ささいなようですが、とても深刻な問題です。それは、「子の返還」の決定が下されたあとで、誰がどのようにして、現在一緒に住んでいる親と子を引き離すかという現実的な問題です。たとえ法的には許されない状態であっても、もし、その親子が深い愛情のもとで平和に暮らしているとしたら、どうでしょう。親と子どもが離れるのをあくまで拒んだときにはどうするのがいちばんいいのでしょうか。子どもは物ではありません。しかし、権利者であるもう一方の親がどうしても引き渡すよう要求すれば、当然「強制執行」とならざるをえません。

現実的には強制執行には二種類あります。一つは「間接強制」、もう一つは「直接強制」です。「間接強制」は子を渡さない代わりに、違約金を支払います。ただし、それはふつうでは払いきれないような金額です。少額であれば、違約金を支払い続けることによって、子どもを渡さずに済むこともできましょう。でも、それでは違法状態を認めることになってしまいます。ですから、払いきれそうもない多額の違約金を支払うような命令が下されるのがふつうです（二〇一七年一月には違約金一回に付き百万円という額が提示された審判がありました）。

お金も払わない、子どもも渡さないとなれば、「直接強制」です。執行官が補助人などを同行して、直接その子どもの住む場所へ行って、子どもを引き取ってくることになります。ただ、これがどれほど悲惨なことかは、誰もが容易に想像できると思います。

ところが、日本では現在（二〇一七年）のところ「子の引き渡し」に関して明文化されたルールがないのです。しかし、ハーグ条約のもとでの「子の引き渡し」となれば、国際間で通常行われているルールに従っての引き渡しでなくてはならなくなります。そこで、今回の「民事執行法改正」の中で、「子の引き渡し」に関するルールをつくることになったのでしょう。理由はどうあれ喜ぶべきことに違いはありません。「生木を裂くように」という言葉が昔からありましたが、これからは明文化されたルールのもとに、子の福祉がしっかり守られるかたちで強制執行ができるようになるのは本当にうれしいことです。

次に、また話がそれますが、外国では、一方の親が勝手に子どもを連れ去ってしまうことに対してどのように考えるのでしょうか。少ない経験ですが、書いてみようかと思います。

ずっと以前の調停事件です。ドイツ人の夫と日本人の妻の間に子どもが一人おりました。日本人の妻は夫婦仲が思わしくなくなった時点で、子どもを連れて実家に戻ってしまいました。幸い夫の方は英語が話せるということで、私が調停を担当することになりました。調停第一回期日に、ドイツ人の夫が最初に口にした言葉は「She has kidnapped my child !=彼女は私の子どもを誘拐した！」でした。夫の怒りを込めた「kidnap＝誘拐」という強い表現に、私は一瞬言葉を失いました。三十年ほど前の話ですから、母親が子どもを連れて実家に帰ってしまうことが、それほど厳しい言葉で責められるとは考えてもいないことでした。

もう一つのエピソード。

以前アメリカに住んでいたことがありました。その当時、スーパーマーケットの牛乳売り場には「Kidnapped！＝誘拐されました！」という文字と子どもの顔写真が付いた約一リットル入りの牛乳パックがたくさん並べられてありました。初めてこれを見たときは、これほどたくさんの子どもが誘拐されるアメリカという国はなんと物騒なところだろうと思いました。でも、よく読んでみますと、それは一方の親に子どもを連れ去られたもう一方の親の「(元)配偶者に連れ去られた子ども」を探してほしいという内容のものでした。今はそのような牛乳パックは見かけなくなりましたが、やはり、アメリカでも、たとえ親であれ、無断で子どもを連れ去ることは卑劣な行為、すなわち「誘拐」とみなされるらしいのです。

もう一つ。

里親の仕事にかかわっているイギリス女性作家 Cathy Smith の書いた「I Miss Mummy」というノンフィクションの本があります。その中でも、監護権をもたない母親が無断で子どもを連れ去ったときには、町中に交通規制が張られ、走行している全ての車が止められ、車内点検をされ、空港ではすべての飛行機の発着停止の措置が取られたとの描写がありました。「子の奪取」

はイギリスでも重大な犯罪として認識されているようです。

ということは、いずれ日本でも、たとえ子の連れ去り先が実家であっても、その行為自体が認められなくなるのは必至のことと思われます。

この数年で、夫婦のありよう、親子の関係が根本から考えなおされる時期に入ったということがひしひしと感じられます。

(6) もっと「家庭裁判所」の働き

横道にそれっぱなしですが、この辺で再びメインテーマの家庭裁判所に戻り、その働きについてもう少し書いてみようと思います。

家事裁判所には、すでに書きましたとおり、調査官と呼ばれる専門職がおります。調査官は、家事調停では必要に応じて、事件に直接関与することができます。調停室の中に入って調停委員と一緒に調停の仕事をします。それだけではありません。たとえば、離婚調停で子どもを取り合う親権の争いの場合、またはいろいろな理由で親権変更、親権停止の訴えなどがあった場合は、直接子どもと面接を行ったり、子を取り巻く環境（子の住む家、保育園、学校、同居している方たち）を実地に訪問、調査をして、その結果を裁判官に提出したりします。調停の申立てに裁判所にいらした方から最初にお話を聞くのも調査官です。調停中に当事者と調停委員との意思の疎通がうまくいかなくなってしまったときなどは、「心理調整」と称して調査官が調停室に入ってくれます。「裁判」「審判」に必要な調査資料を提出するのも調査官の大切な仕事です。先に書きました履行勧告も調査官が担当します。

それだけではありません。調査官の大切な仕事には「少年事件」に関するものが多くあります。

また、調停の事務関係の手続きを一手に引き受けてくれる書記官がおります。

その他、調停にはめったに顔を出さない方々が大勢いて、後方から調停を支えてくれているのです。

さて、ここで再び、新米調停委員だった私の話に戻りましょう。
四十歳そこそこで調停委員になった危なっかしい新人に同席する相方調停委員は、当然のことながら、七十歳になんなんとする経験豊かなベテランの男性陣でした。我が父親と同年配の方たちです。明治憲法のもと、家の中では戸主が存在し、家督相続が行われ、一五年に及ぶ戦時下を生き抜いてきた方々です。明治憲法が背広を着ていて何が悪いとおっしゃった方はいませんでしたが、調停中の一つ一つの言動のなかに、明らかに明治憲法の亡霊が背広を着て出没してくるのです。
もちろん、現在の家庭裁判所の中では、明治憲法の出る幕はまったくありません。でも、私の現役中には明治憲法が絡んだ珍しい事件が数件ありました
また、横道にそれることになりそうですが、ここで興味深い話を一つ紹介しましょう。

これもかなり前の事件です。辺鄙な山里にある農家の遺産分割に関する調停事件でした。ほとんど判読不明の毛筆手書きの膨大な戸籍簿と、古い登記簿謄本が提出されました。戸籍筆頭者は「戸主」、慶応三年生まれと書いてあります。登記簿謄本にはその戸主が家督相続したことも書いてありました。ところが、どういうわけか、次の代の相続人から遺産相続手続きを行った形跡がないのです。たぶん、戸主の長男が次の戸主になり、当然のように家督相続したはずですが、そのとき、面倒な法的手続きなど必要ないと考えたのでしょう。遺産分割は手つかずのまま、戦後になっても放置されていました。当然、現憲法では妻も全ての子も法定相続分を受け取る権利がありますから、手続きをしないでおきますと、代を重ねるたびに代襲相続人の数がネズミ算的に増えていきます。その事件では法定相続人が一二四人になっていました。

（注　法定相続人が遺産分割前に死亡した場合は、その人の相続権はその子ども＝被相続人の孫（たち）に引き継がれ、その孫（たち）が代襲相続人となります。もし、その権利を受け継いだ孫（たち）が再び遺産分割前に死亡すれば、その子ども（たち）＝被相続人の曾孫（ひまご）が代襲相続人となります。）

この例などは、新憲法ができて四十年も五十年も経っていても相変わらず新憲法下の民法が周知徹底されていない、言いかえれば「家」制度が生き延びているという例であると思われます。

でも、もう少し色々経験してくると、これは間違った解釈かもしれないと思うようになるのです。むしろ、いかなる憲法のもとの、いかなる民法のもとであっても、一般の人々の生活はさほど変わらなかったのではないかと理解するほうが妥当なのかもしれないと思うようになりました。たしかに法定相続人一二四人という事実にはびっくりしました。でも、実際は、農地を受け継ぎ、耕作に従事してきたのは戸主の長男であり、その孫、その曾孫であり、その流れは綿々と続いて、相続の手続きなどしなくても、誰からもなんの不満も出ず、その結果、なんの不都合もなかったのでしょう。

戦後には農地解放などの大変動があったはずなのですが、この例が示すように、その土地の人々に、受け入れられ、承認されている習慣的かつ伝統的な判断基準は、いかに時代が変化しても、思いのほか根深く残っているようなのです。

ただ、そのときになって家庭裁判所に遺産分割調停を申立てたのは、たぶんなにか不都合が生じたのでしょう。たとえば、もう農業をやる人間がいなくなったから、耕作地を「委託」にだそうとか、土地を担保に金融機関からお金を借りようとか、いっそのこと売却しようかとか。いざ手続きを取ることになって、法的には自分の持ち分は全体の一〇〇分の一にも満たないということが判明したのだと思います。

遺産の価値はそれほど高いものではありませんでした。田畑と山林と宅地、合わせて数百万円程度でしょうか。一二四人で分けると法定相続分は一人数万円程度にすぎません。法定相続人は全国に散らばっております。法定相続分を放棄しますという方がいる一方で、分割協議書に判を押しますから「ハンコ代」をくださいという方もいます。いただけるものなら法定相続分をきっちりいただきますという方もおります。でもそんな方でも、数万円のために、仕事を休んではるばる新潟の家庭裁判所まで出頭することはできませんとおっしゃいます。旅費は自前ですから、赤字は覚悟しなければなりません。また、連絡の取れた相続人はまだいいほうです。現住所が皆目わからないという方がかなりおり、依頼を受けた弁護士の方も頭を抱えるだけでした。その結果は「調停取下」というかたちで、結論を得ないまま途中で終わりになりましたが、他の調停委員の方からも似たような話を何度か聞きました。

さて、この話は、この辺できりあげて、先に進みましょう。

次の章では離婚調停では、じっさいどんなことを話し合い、どんなことを決めるのか、基本的なことを書いてみます。

世界中でいちばん離婚の多い国はどこでしょうか。そもそも一夫一妻の結婚を法的に定めている国は世界中でどれほどあるのでしょうか。

明治時代の旧家族法の中では、いわゆる妻以外の女性の存在を認めておりました。明治以前にも夫が妻以外の女性と性的関係をもち、経済的な援助をすることは、男性にその力があるかぎり、男の甲斐性であると認められていました。ただ、妻が他の男性と性的関係をもつことは認められていませんでしたが。

夫の血を受けた子が家の跡継ぎになることが必定といった時代には、どうしてもこのようなルールが必要だったのでしょうが、何よりも家が大事という「家」制度が価値観の中心にあれば、今の私たちから見れば不平等な男女の結びつきさえも、当たり前のように受け入れられていたのかもしれません。

中世ヨーロッパのキリスト教徒の中にも、十字軍の遠征に参加する兵士たちは、留守を守る妻に鉄製の貞操帯なるものを着けさせたという話も残っているところをみると、DNA検査がなかった時代には、生まれてきたわが子が果たして自分の遺伝子をもつ子かといった疑いは全世界的に男性共通のものであったのかもしれません。日本でも千年以上も前に書かれた「源氏物語」の中の重要なテーマになっていることからも推察されます。

ここで、最初の話題に戻りますが、世界中を見渡しますと、結婚そのものの形態は驚くほどさまざまです。近代国家といわれる国々では単婚制（一夫一妻制）を採用していますが、婚姻届を役所に提出し、法的に認められた夫婦として一つの戸籍をつくるというかたちをとるというのは、日本以外ではあまり例のないことかもしれません。

婚姻に必要な条件は次のとおりです。

① 男性は満一八歳以上、女性は満一六歳以上であること
② 男女とも婚姻関係を結んでいないこと
③ 二十歳以下で初婚の場合、未成年の父母のどちらかの承認があること
④ 二人以上の二十歳以上の証人がいること
⑤ 双方が直系親族または三親等内の傍系血族でないこと
⑥ 再婚の女性は、前婚の離婚届け提出から百日が経過していること

法律的には以上の六条件をクリアーすればいいわけですから、それほど複雑なものではないように思われます。しかし、結婚にいたるまでには、かなりの紆余曲折があるのは想像がつきます。

結婚とは、「男性と女性が婚姻届を出し、社会的に認められる夫と妻になり、継続的な性的結合と社会的・経済的結合単位を形成する」と定義づけられるとなると、そう簡単に結婚できないという最近の若者の気持ちは容易に理解できます。

日系アメリカ人である友人には二人の息子がおります。二人とも専門的な職業につき、経済的には申し分のない条件をもっています。白人の父親と日本人の母親の好いとこ取りの二人は、誰もがふりむく美男子です。でも四十歳近くになっても一向に結婚しようとしません。ガールフレンドは沢山いるのに、一人の女性にしぼって、継続的性的結合と社会的・経済的結合単位をつくろうとしないのです。

その母親が言いました。

「うちの息子たちが結婚しない理由は簡単よ。セックス・フレンドがいくらでもいるのよ。女の子も同じよ。性的自由を手に入れた若者は、妊娠でもしないかぎり家庭をつくろうとはしないの。」

日本の母親たちはこれほど身もふたもないような言い方はしないでしょうが、たしかに、「家」制度のような縛りから解放されれば、結婚は憲法二四条にあるように、男女二人だけの関係に集約されます。そうなれば、結婚することによって、性的相手が妻（夫）のみに限定され、経済的にも時間的にも束縛が課せられるとなれば、何もわざわざ結婚しなくてもいいのではないかと考える人たちがいるのも当然のように思われます。ただし、これが実現できるのは、男女ともに経済的にも精神的にも、生活面でも自立できていることが前提でしょう。一時流行った親へのパラサイト状態では心もとないものになってしまいます。

たしかに、社会的にも、「家」意識が希薄になるにつれて、また「結婚」というかたちがどんどん非定型化してきたぶん、若者に昔通りの結婚を強要する傾向は低くなってきているのは間違いありません。

私の父は、私が物心つくころから口癖のように言い続けました。

「早よ嫁に行くのだぞ。女は生魚といっしょだ。一日売れ残ったらその分値が下がる。」

「結婚適齢期」、「行き遅れ」などという言葉が大手をふって歩いていた時代です。なんという理不尽なと思いながらも、私の無意識の中には、いつの間にか「早よ嫁に行こう」という観念が植えつけられておりました。

ということで、結婚というものは、百組の夫婦があれば百通りの出会いがあり、百通りの夫婦の形があるというもので、その結果、離婚にも百通りの理由があるということも当然になります。

離婚に関していえば、世界中で日本がいちばん簡単にできるのではないでしょうか。

韓国もつい最近までは、日本と同じ程度に簡単に協議離婚ができました。しかし二〇〇七年一二月一二日の民法改正により、離婚までの熟慮期間（一か月〜三か月）をもうけ、親教育も含める離婚案内を実施し、親権者、養育者、養育費用、面会交流に関しての協議書の提出などが義務化され、協議離婚届書一枚提出では離婚ができなくなっています。なお、この協議書は債務名義付きとして取り扱われるようで、約束を守らなければそれなりの強制執行がなされるとのことです（二〇一五年二月二七日、池袋サンシャインシティにて行われたソウル家庭法院調査官 宋賢鐘氏の講演に基づく）。もっとも、このような改革の理由は、韓国では配偶者の合意を得ないまま、勝手に協議離婚届を出す男性があとを絶たないという事実があり、それを防ぐのが目的であるとの話から、日本の事情とはかなり違う点もあるようです。

日本では当事者双方および二人の保証人の署名捺印と、親権者の決定、離婚後の養育費、面会交流の相談の有無の確認が記されれば、「協議離婚届」の受付は完了です。養育費や面会交流の協議書の提出までは要求されませんので、「口約束」だけですむわけです。約束が守られなくとも、法的に履行を迫る根拠にはなりません。子の養育に関することが「口約束」だけの危ういものであっても、日本で離婚を希望する人の約九割近くが協議離婚を選んでいます。

実際、離婚後に子どもの養育費を受け取っている同居親は全体の二〇％に満たないのですが、これは世界的に見ても低い方です。九割近くの方が協議離婚を選び、全離婚者の二割弱しか養育費の授受を行っていないというところに、いかにも日本的な考え方があるように思われるのです。面会交流に関しては、たとえ離婚調停で合意されてあっても、実施されているケースは四四％でしかないようです（日本弁護士連合会二〇一四年度調査）。

「どうせ、相手は養育費を払ってくれないだろう」と話し合いをもつ前に諦めてしまう親が半数、「離婚したあとも、相手とかかわりたくない」という親が二割という数字が「養育費相談支援センター」の電話調査で出た結果です。この数字が出てくる理由としては、たとえ大切な課題であっても、対立が予想される場合は、その話し合いを避けてしまう、また異質のものをただちに排除したがるといった日本人の特質が関係しているように思われます。

ただ、今後予測される日本経済の状況やら、親、兄弟姉妹の相互援助の力が弱まりつつあることを考えますと、子どもたちが離婚によってさらなる不利益を被らないよう、周囲の大人たちは本腰を入れて、できるかぎりの努力をしなければならない時期がきたと思われます。

第二章にも書きましたとおり、たしかに、国も親の離婚後の子どもの福祉を考える方向に向かってきておりますが、それでもまだまだ足りないような気がします。

そこで、この章では、離婚に関して、家庭裁判所は具体的にどんなことをするかを書いてみようと思います。

まず、家庭裁判所での離婚調停というものは、どんな場合に行われるかから書き始めましょう。

(1) 協議離婚ができない場合

法律的に結婚をするということは、私的な男女の結びつきに、法的、経済的、社会的な多面性を加えることになります。そのため、いざ離婚ということになりますと、なかなか離婚条件が整いません。

もちろん、私的な面を重視するのであれば、結びつくのも二人で決めたものだから、別れるのも自分たちで整理しましょうというのがいちばんの理想です。

しかし、結婚するときには和気あいあいでも、別れるときはそうはいきません。また子どもが生まれたりしていますと、二人だけの問題とはいえなくなります。

そこで、協議離婚、または結婚生活の円満修復の話し合いが、どうしてもうまくいかないということが起こります。そこで、話し合いがまとまらないケースにはどんなものがあるか分析してみました。

① 配偶者双方が婚姻関係を円満に続けたい希望だが、意思の疎通がうまくいかない
② 配偶者双方が、円満でない婚姻関係を解消すべきかどうか迷っている
③ 配偶者の一方が離婚することを決意し、もう一方が離婚を拒否している
④ 配偶者の一方が離婚を希望し、もう一方が離婚条件が合えば離婚に応じるが、そうでなければ離婚には応じないと主張している
⑤ 配偶者双方は離婚はやむなしとの合意はしているが、離婚条件が合わない

以上のような事態になり、かつ当事者二人だけでは解決の目途が立たないとなりますと、家庭裁判所での「夫婦関係調整」という調停が利用されることになります。①、②の場合は「夫婦関

係調整・円満」という調停になりますが、④、⑤の場合は「夫婦関係調整・離婚」の調停となります。③の場合は申立人が夫婦関係の修復を希望するのであれば、まず「円満調停」から入るのがふつうでしょう。その結果、修復不可能と当事者双方が結論づけますと「離婚調停」に移るのが一般的です。ただ、調停はあくまで話し合いの場ですから、「円満調停」から話を始めて、「離婚」で調停を終える場合もありますし、「離婚調停」で話を始めて修復可能となり「円満解決」となることもあります。

これは調停委員がしかるべき結論に誘導するものではありません。あくまでも当事者双方が納得のいくまで話し合いを重ね、合意に達するということになります。

「円満調停」と「離婚調停」の割合は全国統計では三対七ぐらいのようですが、私の経験では「円満調停」の場合は、「円満調停」から入って「離婚調停」に移行し、「離婚」で調停成立というケースが多かったように思います。

また、離婚調停の話し合いを幾度かさねても、双方の意見が平行線をたどり、どうしても合意点が見つからないことになりますと、調停は「不調」ということで終わりになります。または、申立人がこれ以上話し合いを続けても進展が見込まれないと考えると、調停を「取り下げ」るということもあります。その後の解決は、どちらか一方が訴訟の申立てをすれば、離婚訴訟というかたちになりますが、申立てをしなければ、そのままの状態が続くことになりましょうか。または、裁判所抜きで再び話し合って、それなりの結論に達することも考えられます。その場合は、協議離婚になりますが、必要事項を公正証書として残しておくことをお勧めします。

どなたもご存知だと思いますが、裁判離婚の場に移りますと、離婚理由が明文化されております。（民法第七七〇条）

①　被告による不貞行為
②　被告による悪意の遺棄
③　被告の生死が三年以上不明
④　被告である配偶者が強度の精神病にかかり、回復の見込みがない
⑤　その他婚姻関係を継続しがたい重大な理由

以上の五項です。一項目でも立証できれば裁判離婚は成立しましょう。

一見簡単そうですが、じっと文面を見詰めていますと、これは大変だと思われてきます。どの項目であれ十分証拠をそろえて、必要があれば証人や利害関係人に参加してもらい、原告と被告が面と向かって、たいていは弁護士さんとともに、離婚について攻防を繰り返すことになります。

私は参与として、このような裁判に参加したことがありますが、ほんの数回の経験でしかありません。そのうえ、裁判はもともと調停委員の仕事ではありませんので、ここでは、これ以上素人が踏み込むのは憚られましょう。

そこで、主題の離婚調停の話に戻ります。

次には、離婚調停は具体的にどんな順序で話が進められていくか書いてみようと思います。

(2) 夫婦関係調整・円満調停

裁判所に調停を申立てた時点で、円満に婚姻生活を継続したいという希望がありましたときに、このかたちの調停がもたれます。

こんなときは、調停委員としては、ギクシャクした夫婦のあいだを取りなして、なんとしても円満な家庭を再構築して欲しいと願うものです。

ところが、私の経験の中で、その調停が成功した例は、それほど多くはないのです。調停委員としての力不足のそしりを甘んじて受ける覚悟ですが、実は申立てる当事者の心の中に、どうしても理解しきれない部分があるのです。

第一に、本当に円満な家庭を再構築したいと願う二人が、なぜ自分たちだけで直接話し合わないのかという点です。なぜわざわざ家庭裁判所まで出てきて、第三者を交えて話し合うような迂回をするのだろうか。顔を合わせて直接話し合うことが不可能な夫婦が、調停の場で、調停委員に入ってもらって間接的に話をしたところで、どの程度理解し合えるようになるのだろか。当事者の本心がわからない場合が多いのです。

「私は、これこれのことを夫に実行して欲しいのですが（または、して欲しくないのですが）、調停委員さんから言ってもらえますか」と言われても、「はいはい、わかりました。言ってみましょうね」と答えるわけにはいきません。これは当事者からよく出る要望です。自分の要望を調停委員に代弁してもらうということが調停を中立てた目的なのでしょう。

または、「妻（夫）に、こういうことはいけないことだと、しっかり教えていただけませんか」という要望を出す当事者もいます。調停委員に、相手方が自分の考えに従うよう教訓を垂れてくれとおっしゃるのです。「妻（夫）は私の言うことは聞きませんが、調停委員さんの言うことなら聞くと思いますのでお願いしますよ」と言われても、こちらは戸惑うばかりです。

このようなことを言われるのは、年配の方がほとんどです。どちらかというと「権威主義的」なのでしょうか。裁判所に行って、それなりの人に口添えをしてもらって、配偶者を支配しようとする他力本願の方たちです。

昔は、本人同士の話し合いよりも、村役や親せきの年配の方からの采配をあおぐといった風習があったようです。その名残なのでしょうか。私などには、そんなことで意思の疎通がうまくいき、壊れかけた夫婦関係がもちなおすとは到底考えられないのですが。

または、「離婚しても、しなくてもどっちでもいいです」と他人事のような対応をするのは、たいてい若い人です。「妻（夫）はどう考えているのか、訊いてもらえますか」、「あっちが離婚したいって言うのなら、離婚、いいっすよ」と、のれんに腕押しの若者も珍しくありません。もちろん、腕押しししているのは調停委員です。

「結婚する前から、ずっと、言いなりですよ。ねえ、調停委員さん！　どうしたら、あいつは満足してくれるんでしょうね。不満ばっかりですよ。どうしたらいいか、教えて下さいよ」と泣かんばかりにすがりついてくるのも、たいてい若い男子です。

ただ、数十件に一件ほどの割合で、これは本気で修復したいのだなと感じられるカップルに出会うことがあります。それは、まだまだ本人同士、相手に対して愛情をもち続けているのがわかるケースです。

これは、私個人の感覚によるものなのかもしれません。それは当事者たちが発する言葉ではないのです。不思議なことですが、夫婦としての愛情が残っている当事者たちの全身からは、言葉とは違った、何か温かみのある色気のようなものが感じられるのです。表情一つ、笑顔一つに、何とも言えない可憐さ、優しさが見え隠れしています。本当に不思議です。

一方、完全に愛情を失ってしまった当事者から出る言葉は、いくら「修復したい」と言いつのられたところで、味気ない、空虚な言葉の連続にしか聞こえません。これも不思議です。

何度か話し合いを重ねていくうちに、当の本人から「相談した先生から、自分のほうから離婚したいなど絶対言ってはいけないとアドバイスをもらっていました」などという言葉がポロリと出たりします。

「円満調停」を、離婚条件を有利にする作戦に使おうとしていた方も、思わず本音を吐いてしまったあとには、全身からいらぬ「構え」のようなものが抜けていき、私たちも、これでやっと本格的な話し合いができると思うのです。

「言葉では、人も自分もだますことはできない」ということは、長い調停委員の仕事の中でよくよく教えられたことの一つです。


この当事者たちは本当に円満にやり直せるなと感じられたときには、調停委員として本当に嬉しいものです。でも、残念なことに、そのようなケースはめったにありません。

(3) 夫婦関係調整・離婚調停（離婚をめぐって鋭く対立するケース）

離婚調停の中では、このケースがいちばん多いと思われます。

当事者の一方が完全に離婚の決意をしてしまっているのに、もう一方の配偶者が離婚を受け入ることはできないというケースです。こういうケースでは、当然のことですが、協議離婚は成立しません。どうしても離婚をしたくない方、または、どうしても離婚したい方は家庭裁判所に円満調停か離婚調停の申立てをすることになります。

この場合にも、さまざまな形の対立が見られます。

次に、私なりの分析の結果を書いてみます。

① 一方がもう一方の配偶者に対して完全に愛想を尽かせてしまった

② 一方の配偶者がほかに愛する相手ができてしまった
③ 一方がもう一方の配偶者の親、兄弟姉妹、友人との関係がうまく築くことができなかった

三項目に分類されてしまうと、あまりにも大雑把すぎやしないかと思われるでしょうが、実際は、それぞれの項目には書ききれないほどの細目があります。

特に、①の配偶者から愛想を尽かされる細目は驚くほど無数にあります。

人の感じ方、考え方は百人百通りですから、そんなことが離婚の原因になりうるのかと唖然とすることもよくありますが、それは調停委員の個人的価値観ですから、けっして口に出すことではありません。

一つの例を書いてみましょう。

ある女性からの離婚調停の申立てです。

「結婚するとき、世界一いい男になるとの約束だったのに、その約束が守られていない」というのが離婚の理由でした。中立人からその話を聴いた私たちは、どのような男性が登場するのかと、内心期待をもちました。調停室に入ってきた男性にお目にかかった瞬間、だまされたと訴える女性は何をもって「世界一のいい男」とするのだろうかと考えました。

このように他愛のない理由で離婚調停を申立てる方もけっして珍しくありません。

まして、裁判離婚ではありませんから、離婚理由が、民法第七七〇条の項目に必ずしも合致し

なくともいいわけです。しいていえば第五項の「婚姻関係を継続しがたい重大な理由」が拡大解釈されたものと受け取ればいいのでしょう。

それに、配偶者が離婚を決断する理由は、一つだけではありません。さまざまな理由がからみ合っています。また、結婚生活の破綻の原因をつくっているのは、一方の配偶者だけではないこともわかります。不思議なことですが、調停室で訴えられる配偶者への不満の内容が、合わせ鏡で見るように、双方全く同じということが珍しくないのです。

申立人による離婚理由は、ギャンブル、借金癖、家庭内暴力、酒乱、盗癖、徹底的な男尊女卑、または女尊男卑、各種の人格障害、軽度の知能障害または精神障害、性的不一致、異常性的嗜好、自己本位、その他枚挙にいとまがありません。そのほかにも、はっきり原因がわからないが、どうしても好きになれないという理由をあげる方もおいでです。本当に原因がわからないのか、その原因を口にしたくないのかはわかりません。男女の関係にはどうしても口に出したくないこともあるはずです。

また、ギャンブル一つ取り上げても、競馬、競輪、競艇、パチンコ、その他があり、それによって借金のつくり方も違ってきます。ギャンブルでつねに儲かっている方は、愛想を尽かされる危険度はかなり低くなりますが、たいていは負けが込んでの離婚です。ご夫婦そろって、毎週日曜日に競馬場で楽しい時間を過ごされるとか、パチンコ屋さんに出かけるとか、そんな方たちはいくらでもいます。ギャンブルをするのが悪いのではなく、やった結果が思わしくないと離婚原因になるのでしょう。

家庭内暴力もさまざまです。一度手をあげられたら家庭内暴力と断罪する方もおりますし、大声で怒鳴るのも家庭内暴力だと言われる方もおります。一方、ちょっとくらい手をあげられても、怒鳴られても、いっこうに平気という方もおりますし、殴られたら殴って返すと笑顔で言う方もおります。

それにしても、男性のほうから家庭内暴力を理由に離婚を申立てる方が圧倒的に少ないのはなぜなのでしょう。本当に家庭内暴力の犠牲者は女性のみなのでしょうか。

この話題は後ほど詳しく書くことにしまして、ここでの争いは、離婚を求められた当事者が、問題点を真っ向から受け入れないところにあることです。いくらおのれの暴力を非難されても、「ちょっと小突いただけですよ」とか、「自分の地声は大きいですから」とか、「今まで、黙っていたのに、急に変ではないですか？　別に男でもできましたか？」とか。当事者同士の問題の認識の差があまりにも大きいのです。

意見が違うと言っては、また、相手の態度が気に入らないと言っては、すぐ暴力に訴える人は、言葉を嫌います。たぶん、調停の場に出てきても、ここで話される言葉が理解できずに、受け入れられないのかもしれません。争いの解決には、お互いの言葉に耳を傾けることが大切だという考えが培われないままに成長した方なのかもしれません。それは男性にかぎったことではありません。大切なことを話し合おうとしたとたん、怒鳴りだしたり、大声で泣き叫んだりする女性がおります。それは男性の暴力と同様に、非常に脅迫効果があります。このようにある手段を使って、他人を支配しようとする気持ちの強い方たちには、万人向きの調停による解決の方法はあまり適しません。どうしても調停で問題を解決しようとなると、時間をかけてゆっくりゆっくりと話を進めていくことになります。それでも、なかなか合意形成までいたらないことが多いものです。

さて、話をもう少し先に勧めましょうか。

② 一方の配偶者がほかに愛する相手ができてしまった

③ 一方がもう一方の配偶者の親、兄弟姉妹、友人との関係がうまく築くことができなかった

右の二つの理由は比較的明確にわかるような気がします。

しかしながら、②の、不貞の事実を突き付けられた相手方が、頑として不貞の存在を否定するときには、話は複雑になります。興信所の調査結果などを持参する方などもいらっしゃいますが、「女の勘です!」というだけの根拠ですと心許なくなります。

また、裁判離婚の場合は、不貞を犯した当事者、言いかえれば、離婚の原因をつくった有責配偶者からの離婚の請求はなかなかできませんでした。しかし、これも、以前ほどの「絶対却下」ということもなくなってきており、それなりの事由がありますと、認められる場合もあるという変化が起きてきています。

その点、離婚調停の場合には、どちらが有責配偶者であるかを決めるというよりは、その結婚がいかに形骸化されているかに重点が置かれるようになってきています。そして有責配偶者にはそれなりの慰謝料を支払ってもらうことで、破綻した結婚生活にピリオドを打つという合理性を選ぶ方が増えてきました。

ただ、一方には、いかに破綻した結婚でも、不実の相手の望むことは一切受け付けない。自分の今後の幸せも、新しい人生をもすべて犠牲にして、どうしても離婚するのは嫌だと主張なさる方もいます。

この件については後ほど書くつもりですが、完全に形骸化した婚姻生活に最後までしがみつこうとするのも、ある意味、人生の無駄遣いではないかと考えてしまうこともあります。

また、③の一方の配偶者がもう一方の配偶者の肉親、兄弟姉妹などと良好な関係が築けなかったことが離婚原因になっている場合ですが、当事者双方がそれほど険悪な関係になっていないようでも、なかなか修復できないことが多くあります。さしあたって、問題の原因になる親、兄弟姉妹などから距離を置いてはどうだろうかと、夫の（妻の）実家に同居している場合などは、アパートに移ってみるようなことを試みても、結局ダメでしたということがよくあります。不和の原因として親、兄弟姉妹の存在をあげても、根本的には当事者二人にうまくやっていけない本当の原因が別にあるのかもしれません。それがなんであるか、双方が認め合い、受け入れないかぎり修復は無理なようです。

このように、話がいつまでも平行線的に続きますと、残念ながら調停は「不調」となり、打ちきられることになります。調停委員は無理に離婚に合意させることはできませんし、もう一度仲良くやりなさいと無理強いすることもできません。

まったく反対方向を向いている当事者に、どちらの方向でもいいから、同じ方向に目を向けてもらうのも調停委員の仕事ですが、何ともしがたいとあきらめざるを得ないことも少なくありません。

さて、このあたりで、双方が離婚そのものには合意しているが、離婚条件で争っているケースに移ろうと思います。

(4) 離婚を有利にするための条件闘争

ここでは、④離婚条件に合意できるならば離婚をしてもいいというカップルと、⑤すでに双方離婚には合意しているが、離婚条件をしっかり話し合い、離婚後の生活設計の確実性を担保したいというカップルです。

④は条件が希望通りでなければ、離婚に合意しないということです。では、条件が合わなければ、離婚はやめて結婚生活の修復に向かうのかというと、ほとんどの人は「いいえ、元に戻ることはありえません」と答えます。要するに少しでも有利な条件で離婚をしたいということです。

このケースは離婚を求めている申立人の方にそれなりの有責性があるような場合が多く、相手方が「不本意ながら離婚に同意するのだから、離婚条件はしっかり付けさせていただきます」ということなのでしょう。

それなりに理屈の通った主張だと思います。双方ともきっちり清算すべきものは清算し、払うべき慰謝料はいさぎよく払い、受け取るべき慰謝料はそれなりに貰う。破綻した結婚を「覆水盆に返らず」ととらえて、双方新しい生活に向かって歩み始める姿勢は、人の気持ちの不変性をあくまで要求し、相手の不実を責め続ける生き方よりは、はるかに生きていることを大切にしているように感じられます。

問題が複雑になるのは、離婚を求める申立人が、それなりの有責性があると自覚しながら、少しでも離婚条件を下げて、安く離婚を手に入れようと考える場合でしょう。

愛人をつくって家を出て行った夫が、離婚調停の場で「俺が浮気をしたのは、妻がいたらなかったせいだ。こうなったのも妻の責任だから、慰謝料を貰うのは俺のほうだ！」と言い張ったことがありました。

こうなりますと、お互いが疲れ果てるまで争い続けることになります。

⑤のケースは、もう結婚生活をこれ以上継続させるのは不可能であるとして、離婚の合意はできています。そこで、これまでの結婚生活の清算をするにあたり、債務名義を伴った調停条項を

つくり、そのうえで、離婚調停を成立させたいという着実なカップルです。

特に、未成年の子どもがいる場合などは、子が一人前になるまでの養育費の支払いや、別れて住むことになる親との面会（別居親との面会交流）や、今まで積み立ててきた子の教育保険の取り扱いや、ローンの整理、結婚後につくられた財産の分割、今後住むべき住居、その他決めておかなければならないことが山ほどあります。

離婚に関しては双方が同じ方向を向いていますから、離婚をするか、しないかということから始めるのと比べますと、話は早いように思われますが、やはり全て合意に達するまでには、何度も話し合いを重ねなければなりません。

どんなケースも同じですが、いざとなると、支払わなければならない義務者と支払ってもらう権利者との間にはそれなりの争いが生じるものです。

次は、双方離婚することに合意した段階まで進んだとして、実際の離婚調停ではどのようなことを決めるか箇条書きにします。

① 親権者の決定
② 養育費（自立できない子がいる場合）の決定
③ 面会交流（未成年の子がいる場合）の実施方法

④　婚姻中に夫婦で形成した財産の清算（原則二分の一の財産分与）
⑤　慰謝料額の決定
⑥　年金分割

以上の六項目が主に話し合われますが、やはり、一つ一つの合意を重ねていくには、それなりの忍耐と妥協が必要となります。

それぞれの項目に関する詳細は次に書くつもりですが、その前に日本における「家族のありよう」、「家庭のありよう」の歴史を、戦前から戦後にかけてと、戦後七十年以上たった現在と比べて、どのように変わってきているか、少し書いてみようと思います。

離婚調停をしている間に、いつもあることに気がつきます。

それは、戦後の憲法、民法のもとで結婚したはずの私たちの中に潜む、家や家族に対する意識の二重構造です。

法律的には、終戦後間もなく明治憲法下の民法を全面的に改正してつくられた民法が今でも使われております。徐々に改正が加えられてきていますが、基本的には七十年前につくられた民法です。敗戦という激動の時代をまたいでの抜本的な改正民法であったはずですが、ある意味、昔ながらの「家」意識のようなものを抱え込んでの改正であったということは否めないでしょう。

第4章　「家」制度の中の家族の姿

(1)　一枚の集合写真

太平洋戦争前後の、日本の家族の姿をちょっと見てみましょう。

今、手元に「六つ切りサイズ」(縦約二〇センチ、横約二六センチ）のかなり立派な集合写真があります。

正確な日時は定かではありませんが、およそ七十年前の冬に写された古い写真です。すっかりセピア色に変色していますが、当時の写真にしては驚くほど鮮明に画像が残っています。

生後一年ほどの幼子から七十歳代までの老女が、全員不動の姿勢で口を結び、真剣な眼差しでカメラに向かっています。この雰囲気からして、これはなにか重大な儀式を行うために集まった人々の記念写真に違いないようです。

最前列の中央には、六十代のそれなりに裕福そうな老夫婦が座っています。夫の隣には三歳ほどの孫娘がちんまりと座り、そのまた隣には彼の長男が座っています。父との年の差は二五歳ほどでしょうか。二人の男性は驚くほど似ています。左はじに座るのは長女で、すでに他家に嫁いでいますが、長女にはつねに特別な座が設けられます。

一方、妻の隣にはこれまた四歳ほどの孫娘が座り、そのまた隣には長男の嫁とおぼしき若い女性が座っていて、腕の中には一歳になったばかりの孫息子がしっかりと抱かれています。

以上、長女をのぞいた七名が「本家」と呼ばれる家の核をつくる家族のようで、その後ろにはどことなく面影を共有した二五人が立ち並んでいます。

新憲法は、大日本帝国憲法七三条の憲法改正手続きに基づき、昭和二一年十一月三日に日本国憲法として公布され、翌昭和二二年五月三日に施行されました。その新憲法のもとに作られた新民法が施行されたのが昭和二三年一月一日です。ということは、昭和二一年の暮は、日本国憲法は施行前であり、大日本帝国憲法は失効してはおらず、国民生活はまだ旧民法のもとにありました。

戦争をはさんで日本が一気に様変わりした時代です。

我が故郷の小さな町でも、大通りを進駐軍と呼ばれるアメリカ兵がジープに乗り、長蛇をなして通過して行きました。ついこのあいだまで、竹やり訓練やバケツリレーの防火訓練に励んでいた女、子どもまでが進駐軍に手を振って歓迎しました。

大通りに面した二階の窓を大きく開き、身を乗り出して行列を見ていた従兄たちに、アメリカ兵の幾人かがガムやキャンディーを投げ与えます。部屋の隅で恐る恐る見ていた私たち女子は、そのいくばくかを分けてもらい、そのキャンディーの甘さに陶然としました。

そんな激動の時代に、この写真は写されたのです。

(2) 家督相続のお披露目

では、この集まりはいったい何の目的でなされたものなのでしょうか。

私は幼いころからこの写真を見るのが大好きでした。

実は、この写真は我が家の奥座敷と呼ばれていた部屋で写されたものです。今では、写真の中のほとんどの人が鬼籍(きせき)に入ってしまいましたが、あのとき、三歳になったばかりの私は、不思議なことに、この日を鮮明に思い出すことができるのです。

厳粛でありながら妙に明るい雰囲気の中で、次々と訪れるおじさんたちは、いつになく格式ばった挨拶を交わしています。おばさんや従姉たちはそれぞれの晴着を持ち寄り、お互い着付けを手伝い合いながら談笑しています。台所では白い割烹着をつけた女性たちが、大きな釜や鍋から立ち上がる湯気の中で、多くの来客をもてなす食事の準備で殺気立っています。子どもたちはそんな大人たちの間を走り回りながら、わけもなくはしゃいでいました。

写真に写っている人たちの装いから察するにかなり寒い時期であったに違いありません。いつもお行儀の良い祖父は袴の両脇の割れ目に手を入れて正式な座り方をしていますが、子どもたちは着物の下にセーターを着ています。そんなことから類推するに、時期は昭和二一年十二月ごろのようです。

奥座敷の障子、ふすまはすべて取り払われ、土蔵の中から取り出された金屛風が後方に立てられています。枯山水の庭に面した廊下のガラス戸も全て取り払われ、平らに磨かれた広い靴ぬぎ石の上には、大きな写真機が置かれています。外の空気がかなり肌寒い時期に部屋を開け放ち、やっと撮った一族郎党の集合写真です。

その日、我が家では、戸主であった祖父から私の父である長男への家督相続が行われました。そして、この集まりは、形式的にすぎないものの、長男の家督相続に対する一族郎党への承認請求と、それに続くお披露目の宴会のためのものでした。それで、母方の親戚が一人も写真に写っていない理由が理解できます。これは、血のつながった身内だけの集まりでした。

今、改めてこの写真を見ていますと、そのとき知らなかったことがいろいろとわかってきます。一人ひとりのその後の人生を書けば何冊もの本ができそうです。

そのような私的な物語はさておき、ここでの主題は、明治憲法の「家」制度のもとにあった、ある種のモデル家族を紹介することです。

以前の日本の家族はどんな形で存在したのでしょうか。それが、今、どのように変わり、またどの点で昔のままであるのでしょうか。

(3) 「家」制度のもとの家族

私の家族で言えば、祖父母も父も、戦後間もなく公布された日本国憲法、それに続く改正民法を見て、ひどく狼狽したに違いありません。長年続いた戸主制度が崩れ、長男の家督相続ができなくなる。未婚の二男に嫁をとり、いずれ分家させることは当然としても、これ以上本家の財産を散逸させるわけにはいかない。新民法が施行される前に、一刻も早く、長男の家督相続を実行してしまわなくてはならない。

そのうえ、祖母はこの家の「家付き娘」でした。代々続いた米問屋を先代の娘である祖母が継ぎ、祖父は「入り婿」でした。ご多分にもれず、長男が生まれれば、「入り婿」の仕事はあらかた終わりです。なるべく早めに「隠居」の身になるのがお勧めのコースでした。

その当時の家督相続の決まりを調べてみますと、二つの条件がそろえば、戸主は死亡を待たずに、「戸主の座」を惣領と呼ばれる長男に相続させることができました。そして、元の戸主は隠居というかたちで人生の表舞台から退場していきました。

そもそも「戸主の座」というのはただ、戸籍の筆頭人になるだけではなく、今では考えられないほどの大きな権限を与えられ、同時に重い義務も課せられる「家の統率者の座」でした。同一戸籍に入る人間すべてに対し、結婚、離婚、住む場所、職業の選択の許可、また相続人の指定など、かなり広範囲にわたり支配することができたと同時に、直系尊属である祖父母、両親、直系卑属の子どもたちはもちろんのこと、同戸籍内の人間、たとえば、自立できていない兄弟姉妹、離婚して戻ってきた姉妹と甥、姪、必要があれば一代上の叔父、叔母にも扶養の義務があるということで、昔の映画や小説で「親が許さない結婚」などがテーマになり得たことがよくわかります。要するに、これが「旧民法」の中の「家」制度です。

そこで、「戸主」が生きているうちに、家督相続という方法で長男に全財産と全権利と全責任を渡すことのできる条件は、次の二つのみです。

条件　1　被相続人、すなわち現戸主の年齢が満六十歳以上であること
　　　2　完全の能力を有する家督相続人が相続の単純承認をすること

「戸主」という権威の譲渡の割には、意外とハードルの低い条件のような気がしますが、以上

の二つを軽くクリアした祖父と父であれば、家付き娘だった祖母には何の異論もありません。かつては自分の父の財産であったものを、婿養子の夫がすべて相続しているのですから、一刻も早く血のつながった長男に全財産を渡してもらわなければなりません。そこで、急遽行われたのが、この写真に写された「家督相続お披露目の会」だったのでしょう。

そう考えると、まさに、この写真こそ、大日本帝国憲法のもとの「家」制度の最後の宴を映像化したものなのだと、大げさにも、私はいっそう感慨深くこれを見ることになります。

(4) 「家」制度のもとの嫁の立場

ここまで書いて、最も大切なことを忘れていたことに気がつきました。

それは、新戸主の妻であり、この家の嫁である私の母の立場です。

一族郎党の誰にたいしても、乞われたときはそれなりの援助を提供しなければならない義務を課せられた戸主の妻の座です。

とにかく、戸主である父が戸主たる姿勢を誇示しようとすればするほど、母が難渋するのは目に見えていました。まして、敗戦という日本にとって最大の難局時での家督相続ですから、戦前、戦中の経済的基盤が崩れ去るのは時間の問題でした。

結局、戸主である父に求められたものは、戦争で生活基盤を失った姉、妹、弟が自立できるようになるまでのあいだ、数年から数十年にわたって、経済的援助をすることでした。それは新しい憲法になったとはいえ、昔気質の父にとっては変わることのない当然の義務であったようです。ただ、父にとって想定外だったのは、戦前、戦中のような経済的特権を失い、すべてが立ち行かなくなってきていることでした。

戦後の食糧難の時代に、食卓にはつねに、十五人から二十人が座りました。奥の座敷には祖父母と父の特別のお膳が用意されました。

誰もがけっして空腹でないように、粗末であってもそれなりの食べ物を用意することがどれほど困難な時代であったか。

敗戦後も、相変わらず昔の生活水準を下げようとしない、気位の高い祖父母の要求に応えるのがどれほど大変であったか。

見栄っ張りの父に代わって、全ての苦労を背負ったのは母でした。あてにしていた母の実家も、戦前は大地主でしたが、戦後の農地解放で昔の経済力を失っていました。

戦後のどさくさにまぎれて、家督相続を受け、戸主になった父と、その妻である母の背負うものは、今では想像もつかないほど重いものでした。たぶん、それでもまだ恵まれた環境であったのだろうと想像はつきます。中学校の同級生のほとんどが「金の卵」といわれて、十五歳で親元を離れ、夜行列車で上野に送られていきました。いかに仕送りが少ないとはいえ、大学に行かせてもらえたのですから、たしかに恵まれた環境であったはずです。

とはいえ、自分の生まれ育った家が徐々に零落していくのを、ただ傍観せざるを得なかった娘時代には、「家」とは、「家族」とはいったいなんなのだろうと思い悩むことが幾度となくありました。そして、父が東京の大学に通うようになった娘に思うように仕送りができないと頭をさげたときには、そんなことよりも、私はこの大家族の混沌とした日常から逃げ出せる幸せでいっぱいでした。

この大家族の中では、なにか事が起こるたび、家中大騒ぎになりました。そんな面倒をただ黙々と引き受けていたのは母と母の実家の祖父母でした。農地解放から免れた山林の百年以上の年輪を持つ立派な赤松が次から次と切り出され、現金に換えられました。母は父の姉妹弟が次々と実家を頼って戻ってくるのに辟易（へきえき）しながら、母もまた自分の実家に頼ることで急場をしのいでいたのです。

そして、私はといえば、そのころから日常語となり始めた「核家族」という言葉に、かぎりない憧れをもつようになるのです。夫婦二人に子どもが二、三人。一家みずいらずの小さな食卓を囲み、夕食後の団欒のひとときを親子で楽しむ。夢のような世界でした。

それにしても、この「家」制度というものが、いかに日本人の心の中に深く浸透し、根強く生き続けていることか。そして、夢のように思えた「核家族」のありようが、いかにもろく、危ういものか。二八年間の家庭裁判所での調停委員の仕事をふり返ったとき、改めて深く思い知るのです。

第5章　離婚調停のいくつかのケースレポート

前の章では、戦後間もなくの、「家」制度がまだまだ色濃く残っていた家族の一つのモデルを紹介しました。一人ひとりの存在が平等に尊重される家族ではなく、一族郎党が集団となり、上下関係の中で全員の存在を保持していた家族です。

次は、いよいよ、最近の家族の姿を書くことになります。その姿がいかに昔の家族と変わっているか、また、いかに変わっていないかをわかって欲しいと思っています。


ここで、ふたたび、調停委員の守秘義務についてひと言付け加えさせていただきます。

一つの事件が終了しますと、原則、調停委員の手控えや私的な記録は全て廃棄されなければなりません。ですから、調停委員を退任した時点で、私の手元には何の記録も、手控えも残りませんでした。

では、今何を元に書き進めようとしているかと問われれば、私個人の脳裏に残っている「記憶」です、と答えるしかありません。当然のことながら、名前はもちろん、年齢、住所、その他細かいことは完全に忘れています。

ということは、同じような問題を抱えたいくつかの事件の要点だけを切り取って、一つの事件をつくり上げて書いていると考えていただくほうが妥当かもしれません。

これはどこの誰の話だろうと考えるよりは、それぞれの事件がもっているそれぞれの「通奏低音」は何であるかを聴き取りながら読んでいただけたらと願うのです。

(1) 事件1　最初の離婚調停

昭和六十年といえば、戦後四十年。その間の復興期を経て、日本の国はどんどん豊かになっていました。懐かしい言葉「バブル経済」が始まりつつあった時期です。飢餓の時代から飽食の時代へ。そんな時代、新潟の郊外、里山近くに住む若い夫婦の離婚調停事件です。

四月に任命され、その後しばらく調停の仕組みや、調停心得、家事調停に関する法律など、しっかりと講義を受けたあと、初めて任命された事件です。経験のない調停委員は、最初の事件担当では、男女二人の先輩の調停委員の脇に座り、調停を見学させていただきます。もちろん、調停そのものにかかわることは認められていますから発言は許されます。これが三人調停と呼ばれる新人調停委員見習いの場になります。

いかに初めての調停事件とはいえ、この事件は三十数年たった今でも当事者一人ひとりの表情、言葉づかい、息づかいまでが鮮明に思い出されるほど衝撃的なものでした。そして何もわからなかった私に大切なことをたくさん教えてくれた事件でした。

申立人　甲山　太郎　（三十歳）　地元サービス業の従業員
　　離婚調停の申立て。結婚六年目
　　離婚理由　①　相手方は夫の家の不名誉になる行為をした。
　　　　　　　②　相手方が不貞をはたらいた。
　　離婚条件　　子を引き取り離婚したい。その他の条件なし。
相手方　甲山　花子　（二七歳）　地元商店のパート従業員
　子　長女　（四歳）
申立人の母（無職）と同居　申立人の父はすでに死亡

夫の離婚申立て理由を詳しく聞いてみると、次のようなものでした。

離婚理由１　妻は夫の家の不名誉になる行為をした。

［夫の話］

　職業は車に関するものです。妻は近隣の商店でパートの仕事をしています。

ある日、妻のパート仲間の一人が昼食用に持参したお弁当を、「食べ切れないから誰か残りを食べないか」と言ったところ、妻が申し出て、そのお弁当の残りを喜んで食べてしまいました。この行為は次の日までに村中に伝わり、夫の家では妻に十分食べ物を与えていないのではないかとの噂になりました。
これは甲山家にとって大変不名誉なことで、このような噂の原因をつくる妻との婚姻を継続するわけにはいかないと考えました。

離婚理由2　妻が職場の男性と不貞をはたらいた。
妻は婦人科の持病（子宮筋腫）のため不定期な出血が続き、しばらく性交渉はありませんでした。しかし、ある日突然、大出血に襲われ婦人科に運んだところ、流産であるとの診断を受けました。夫としてはこの妊娠に関しては思い当ることがないので、これは明らかに他の男性と不貞行為があったと推測せざるをえません。以上二つの理由から離婚を決意しました。

［妻の反論］
①職場ではパート仲間全員で昼食をとることになっています。お弁当を分け合って食べたり、たくさん作ったおかずを持ち寄って、おすそ分けしたりするのはいつものことです。突然このようなことを言い立てて離婚を申立てるのは納得いきません。
②他の男性との不貞行為などあるはずはないです。このところずっと不正出血が続いていて、体調が思わしくないのに他の男性と性交渉などもてるはずはありません。出血の原因は肥大した子宮筋腫のせいでした。大出血で病院に運ばれたときは夫も一緒で、夫の同意を受けて、子宮摘出手術を受けています。ふつうの流産で子宮摘出などありえません。疑うので

あれば、手術をしてくれた婦人科の先生に確認して欲しいです。

第二回目の期日を一か月後に設け、双方から再び話を聴きました。

夫は妻の不貞の証拠であると言って、一通のハガキを持参しました。それは妻が旅行に行った際、会社の同僚の男性のために買ってきた小さなお土産に対する礼状で、今なら携帯で「ありがとう」と一言でメールされるほどの内容でした。

妻のほうからは、子宮摘出手術の担当医からの診断書が提出されました。それには例の出血は子宮筋腫が原因であると書かれていました。

二回目の期日で話し合いをしているうちに、妻の有責性を主張する夫の勢いが弱くなってきました。そこで、次回にもう一度話し合うこととして三回目の期日を決めました。

調停委員会は、もし、妻への不貞の疑いが晴れれば、「和合」の線が浮かんでくるかもしれないとの期待をもちました（「和合」とは離婚の方向から、婚姻継続のための修復の話し合いに切り替えるときによく使われる語です）。

三回目の期日に、双方の母親が付きそって裁判所に出頭しました。双方の母親から、調停の場で話を聴いて欲しいとの強硬な申し出があり、当事者双方からも、母親の参加を認めてもらわなければ、これ以上話しを進めることはできないとの主張がありました。そこで、裁判官との評議の結果、双方の母親の意見を聴くことになりました。

［夫の母親の話］

相手方を息子の嫁としてこれ以上認めることはできません。とにかく子ども（孫）を置いて自分たちの家から出て行って欲しいです。孫は生まれてからずっと共働きの息子夫婦に変わって自分（祖母）が育ててきましたから、嫁が去ったのちも十分育てていくことはできます。

息子は一人息子ですし、これからも「甲山の家」と「墓」を守っていってもらわなければなりません。嫁が去っても、孫には新しい母親をいくらでも探してやれます。

［妻の母親の意見］

娘は身に覚えのない疑いをかけられ、これ以上あちらの家に置いておくことはできません。一刻も早く引き取りたいです。もともと、あちらが是非にというので、しぶしぶ嫁に出したのです。今、田舎では、農家さんが嫁不足で困っています。再婚などは幾らでもさせられます。そのためには子どもが一緒だと何かと面倒が起きるので、あちらが子どもを引き取るというのであれば、それで結構。身一つで返して貰いたいです。この問題が長引いたため、自分たちの住む村はまっぷたつに分かれて大騒ぎになっています。これ以上村の人たちに恥をさらしたくないと思っています。だいたい、中立人の母親は、「家を守る」とか「お墓を守る」とか言っているらしいですが、家は借家だし、亡くなった父親のお墓さえもまだ建てていないのに、おかしいではないですか。

以上が当事者とその母親たちから聴取したあらましです。

初めて担当した離婚調停の記憶をたどって、当時のやり取りを再現してみましたが、今、この部分を読まれた大部分の方たちは、たぶん、「えーっ！ 信じられない」と声をあげられたと思います。

実は三十数年前の私も、声にこそ出しませんでしたが、心の中で同じような反応をしておりました。

しかし、もう一度冷静に当事者の発言を整理してみますと、彼らの発言の内容には、今の私たちにも思い当たるふしが少なくないことに気づくのです。遠い昔の離婚話と思わずに、もう一度ゆっくり彼らの主張を聴いてみてください。

①　中立人＝夫の主張

　㋐　周囲のものから芳しくない噂をたてられた。

　㋑　（確たる証拠はないが、）妻は不貞をはたらいたと思われる。

②　相手方＝妻の主張

　㋐　夫の主張は何ら根拠のない言いがかりのようなものである。

　㋑　身の潔白をどうしても認めて欲しい。

③　申立人の母親の主張

㋐　相手方を嫁として認めることはできない。
㋑　離婚して、実家に戻って欲しい。
㋒　孫は自分が育てる。
㋓　息子には家の跡取りとしての責任を果たして欲しい。

④　相手方の母親の主張
㋐　娘が気に入らないなら、即実家に帰して欲しい。
㋑　もともと娘を是非にと嫁に出したのではない。
㋒　娘の再婚に差し支えるので、孫は夫側で育てて欲しい。
㋓　噂話を断ち切るために、早々の幕引きをして欲しい。

以上をよく読んでみて、何か気づかれた点はありませんでしたか。
私は次の三点が気になりました。
①　中立人、相手方双方が離婚の理由、原因を直接話し合おうという姿勢を示さない。
②　離婚か和合か、進むべき方向を当事者自身で決めようとしない。
③　子どもに関して、父母双方がまったく言及していない。
この夫婦はわが子をも巻き込んで、人生で最も深刻な問題に直面しているはずなのに、まるで他人の離婚騒動を傍観しているような態度を取り続けていました。

かわりに、双方の母親の争いが深刻でした。二人の主張は、村中に流布した噂話をよりどころにしています。二人の大人気ないヒステリックな言い争いが、この事件をますます深刻にしてきたのは明らかです。

前回の調停のときに微かに感じられた和合の希望は、一か月後には完全に消えていました。すでに夫婦は離婚の気持ちを固めてしまい、調停委員のアドバイスに耳を傾ける余裕もなくなっていました。

私たちがいちばん心配したことは、四歳になる長女の存在でした。ところが、不思議なことに、離婚により母と子の関係が永遠に断ち切られることに、父も母もあまり関心を示しませんでした。まして、幼い子どもの心の中を知ろうとする周囲の大人たちの心配りなどまったく感じられません。

それは、子は夫婦のもとにあるというよりは、家に属するという考えがあまりにも強かったせいでしょうか。あのころは、「親はなくても子は育つ」とうそぶく大人がいました。夫婦も子どもも家の一部でしかなかったようです。

また、残念なことに、この夫婦は周囲の人たちに対し、自分たちを静かに見守っていて欲しいとは言えませんでした。

夫はつかみどころのない「長男の役割」に縛られていました。自分の娘がたいした理由もなく「母のいない子」になってしまうことにも、まったく実感をもてないでいました。

夫の母親は、子宮切除をし、今後子どもを産めなくなった嫁をこれ以上必要のない人間として切り捨てたかったのかもしれません。嫁はまだ男の子を産んでいなかったのです。息子にはこれから頑張って「家」を建ててもらい、「お墓」もつくってもらわなければなりません。それらの夢がかなったときには、それらを引き継ぐ男の孫が必要なのです。嫁が男児を産んでいたら、話は別の方向に向かっていたのかもしれません。

妻は夫に対してすでに愛情を失っていたのでしょう。ただ、自分の身の潔白を証明することのみに懸命でした。そのためか、身の潔白が証明された時点で、その後の取るべき道を決められませんでした。

彼女には離婚して一人で子どもを育てていく自信はありませんでした。今までも、夫の母親が子どもを育ててくれていたからこそ、それなりの収入を得ていたのです。実家には、すでに兄一家が同居していることを考えると、子どもを引き取って実家に戻ることはできません。妻は未来に対する決断を全て放棄していました。

妻の母親は、身の周りの人間に対して非常に用心深い人でした。同居する息子夫婦に面倒はかけたくない。人さまの噂の種になることだけは避けねばならない。すべて丸く収めるには、邪魔になるものは取り除かなければならない。その結果、孫も邪魔者扱いにされてしまいました。

ここまで書いてみると、それぞれがいかにたわいのないことを根拠にして争っているかがわかります。

三十年前の離婚と現在の離婚とを比べたときに、決定的に違ってきている点が四つあります。

① 女性に経済力がついてきたこと

② 養育費の請求がしやすくなったこと

③ 別れた子どもとの面会交流が認められるようになったこと

④ 離婚に対する社会の目が違ってきていること

以上の点は、夫婦が同じ目の高さで離婚を話し合えるようになったことを意味しています。と同時に、離婚後も元夫婦が協同責任で子どもの養育に携わっていくということが約束されたということです。嬉しいことですが、心しておきたいのは、これらはまだまだ道半ばであるということです。

この離婚調停の中で思い知らされたことが一つありました。

それは、「人がいちばん恐れるものは、形のないものである」という事実です。

顔を表さない周囲の人たちが、見えない場所で、何かをささやき合っている。どこからかそっとのぞいている。たしかに、これは恐ろしいことに違いありません。

この話を、越後の山里に住む、純朴で気の弱い若夫婦の離婚話と限定せずに、会社の同僚の話、学校の仲間同士の話、同じ社宅に住むお隣さん同士の話に敷衍(ふえん)して考えてみてください。現在でも、思い当ることが沢山あるはずです。ラインやSNS、その他のコミュニケーション手段で、無数の人間に、あっという間に歪曲された事実が伝わります。そして、その結果、思いもよらない悲劇が起きてしまいます。

この調停の中で、いちばん残念だったことは、当事者自身が、自分の人生を完全に「他の人間に丸投げしている」ということでした。

「本当はこんなことはやりたくないんですが」という言葉が調停中に何度繰り返されたことでしょう。どうして、人は沢山の選択肢の中から「いちばんやりたくないこと」を選択してしまうのでしょうか。

たとえ希望することが手に入らないとわかっていても、主張すべきことは主張して、相手の言い分にも耳を傾ける努力をなぜしないのでしょうか。何も言わず、何もしないでいれば、自分だけは悪者にならないですむだろうと考えるとしたら、少し虫がよすぎるような気がします。それ以上に、黙っていれば、誰かが都合のいいように決めてくれるだろうと思うのは、さらに虫がよすぎるというものでしょう。

「被害者は同時に加害者でもあり得る」ということは、長い調停委員の仕事の中で、はからずも教えていただいたたくさんの教訓の中の一つです。

この事件は、

①　離婚する。

② 子どもの親権者は中立人である父親とする。
③ 中立人（夫）から相手方（妻）に対して幾ばくかの解決金を支払う。
というかたちで終了しました。三十数年たった今でも、心残りの調停でした。


あの当時は、別れた子どもと定期的に面会交流をするということなど考えることさえできませんでした。まさに「生き別れ」です。

どんな小さな子どもでも、一人の人間であり、自立できない存在であるからこそ、両親から十分に愛される権利があり、それは絶対守ってあげなければならないものであるという意識は、当時の日本人の中には生まれていなかったのです。

調停成立前に、子との面会交流（あの当時は面接交渉と言われていました）の約束を調停調書に書かなくていいのだろうかと疑問を呈したところ、調査官から「余計なトラブルのもとになるようなことを不用意に発言しないで欲しい」ときつく言い渡されたことも忘れられません。

今、家庭裁判所で調査官の関与する事件で最も件数が多く悩ましいものの一つは「面会交流」に関するものではないでしょうか。

あまりにも幼い時期に、本人の意思が無視されたまま親から引き離された人間が、二十年、三十年後に親に対してどんな感情をもつようになるか、おいおい書いてみようと思います。

(2) 親権の争い

事件1では、調停委員になって初めて担当した離婚事件を書きました。

次に、離婚調停をすすめる際に、最初に出てくる親権の争いについて書きましょう。そのために、まず、親権とはどのようなものかを説明させてください。

親権とは、父母が未成年の子どもに対して有する、監護、養育、教育、財産管理を行う権利・義務です。平たく言えば、子どもと寝食を共にし、生きていくうえで必要になるしつけや、教育を与え、もしその子どもに財産があれば、その管理をする権利と義務を言います。夫婦が一緒に生活していれば、親権は夫婦共同のもの（共同親権）ですが、日本では、離婚しますと親権はどちらか一方の親がもつことになります（単独親権）（民法第八一八条）。

この単独親権は欧米諸国ではあまり聞かれない制度です。残念ながら、なぜ離婚すると一方の親が親権を失うのかの納得できる説明をしてくださる法律専門の方にはなかなかお目にかかれません。

この制度は旧民法の「家」制度の名残であるように考えるのは私の偏見かもしれませんが、やはり「子どもは家に属し、離婚は一方の配偶者がその家から出ていくことであるから、出ていく配偶者に親権を与えることはできない」という考えからきていると思われるのです。当然のことながら、「家」制度があった時代では、婚姻中でも親権者は父親のみという法律がありました。

私の父も、お恥ずかしいことですが、何か気に入らないことが起きますと、母に向かって「子どもをおいて出ていけ」と怒鳴ったものです。幼かったころは、そんなことになったらどうしようと、暗澹(あんたん)たる気持ちになりました。そして、年ごろになると、母が家を出ていくなら、自分も一緒にこの家を出ようと心に決めておりました。ところが、子どもたちの思惑もなんのその、母はしぶとく婚家に留まりました。あのころの母親たちは子どもと離れたくないばかりに、どんな重労働も、屈辱にも耐えていました。

たぶん、当時は、このようなことはどこの家庭でも日常的に繰り返されていたのでしょう。父はまさか母がとっとと家を出ていくようなことはしないだろうと、たかをくくっていたに違いありません。母がいなくなった家がどれほど悲惨なことになるかは、父自身想像できなかったはずはないのですから。

ちなみに、離婚後も共同親権となっているアメリカの友人の例を挿入させてください。

離婚後も共同親権が認められれば、養育費も面会交流も双方が親権者ですから逃れることはできません。熾烈な争いになるのは、どちらの親が子どもと一緒に住むかという監護権（custody）の取得です。どうしても、双方の親が監護権を譲らなければ共同監護（co-custody または joint-custody）という形を取らざるをえなくなります。当然、離婚した親は共同の生活はできませんから、子どもが両親のあいだを行き来することになります。

私の友人夫婦の一人娘ルチアーノは、両親が離婚した九歳のときから、金曜日の夜から日曜日の夜までは父親と、月曜日から金曜日の夕方までは母親と過ごすことになりました。そのことが幼い子どもにどれほどの負担になるかを考えるよりも、両親は親権者としての権利を守ることに夢中になっていました。

また、ある離婚した夫婦は、共同親権者であるからには、子どもに関しては同じ養育義務があるとして、一年の半分はどちらかの親と住むようにと、わざわざ半年ごとに学校を転校させることまでしておりました。

単独親権が良いのか、共同親権が良いのか、どちらに軍配を上げるかはあまりにも問題が多すぎますが、たしかに言えることは、今後「家」制度の名残がどんどんなくなっていけば、どうしても単独親権者になった一方の親の頑張りだけで子どもを育てていくのは困難になってくるのは必至であるということです。

さて、親権者に関する話を、日本に戻しましょう。

その後、時代が移り、私が調停委員になったころには、ほとんどの母親が親権を取っていました。もちろん、すんなりと母親の手に親権が渡されていたわけではありません。単独親権の日本では、離婚後、父、母のどちらが親権者になるか、激しい争いになるのがふつうです。

父親側の反論は決まって、「収入もない女がどうやって子どもを養っていくのだ」でした。収入の少ない母親が安心して子どもを育てていくには、父親からの養育費の支払いが必至であるという考えは、三十年前にはまだまだ受け入れられていませんでした。

経済的優位性を主張することで、親権者になろうとした父も（たまには母も）それだけの理由では親権者になれないということが浸透したのは、それほど昔のことではありません。

「子どもを引き取ったうえに、養育費まで取ろうなんて、泥棒に追い銭じゃないか」と言った父親がいました。「俺が引き取れば、養育費を払わなくて済むんだろう」と言った父親も、「何が養育費だ！　そんな理不尽なことを家庭裁判所がよくも言えたもんだ。ばあちゃんに育ててもらったら、タダですむ」と言った父親もいました。

それが、現在では養育費を出し渋る親はいても、頭から拒絶する親はいなくなりました。だれもが、離婚した相手に子どもを育ててもらうのだから、自分の収入に見合った養育費を支払うのは当然と考えるようになってきました。子どもを育てるのにどれほどのお金がかかるか、みんながわかる時代になりました。

親権者を決める話から、いっきに養育費の話に飛んでしまいましたが、たしかに「親権者」と「養育費」と離婚後の「親子の面会交流」は連動します。

まず、親権者の決定に話を戻しましょう。

離婚調停では、まず親権の争いから始まります。

「離婚は致し方ない。しかし子どもだけは手放せない」というのが双方の主張です。しかし、この主張も、ときには言葉どおりに受け取れないこともあります。

親権者となり、責任をもって子どもを育てていこうとする気持ちが希薄のまま、ただ子どもと別れたくないという気持ちだけで、親権者になりたいと主張する方が多いのはたしかです。しかし、必ずしもそれだけではありません。

相手の望むとおりの条件で離婚をしたくないとの思いから、相手のいちばん欲しがっている親権だけは絶対に渡さないと主張して、相手を苦しめたいと考える方がいます。

または、子どもは絶対に渡さないと言い張れば、相手は離婚を諦めるかもしれないと思う方もいるようです。

養育費を引き下げたい。あわよくば養育費は払わないですむようにしたいとの下心で、親権は渡さないと主張する方。これは、「養育費を受け取ることはあきらめます。だから子どもだけは引き取らせてください」という言葉を引き出そうと画策する親で、養育費と親権をバーターしようと考える方です。

しかし、このような気持ちで親権を渡さないと主張する親も、いずれ話し合いの過程で、誰がいちばん親権者にふさわしいかわかっていくものです。少し時間がかかっても仕方がありません。離婚そのものが受け入れられないうちは、子どもを手放すのも受け入れないのは当然です。

また、自分のほうが親権者に適しているという訴えの中には、相手の人格、生き方に信用が置けないという理由だけでなく、相手の実家の父母の人格を非難し、彼らが育児に介入することを考えると、どうしても自分で引き取りたいと主張する方もおります。離婚の原因が相手方の親族の存在にあると考える方です。

ＤＮＡの検査をしたうえで、はっきり自分の子だと証明されたら、親権者になりたいと主張した父親もおりました。そのような理由では、家庭裁判所はＤＮＡ検査に協力できないと言いましたら、それなら、自分たちだけで検査を受け、その結果を持ってくる。そのうえで調停を続けたいとのこと。結果は九九・六％父親の子であることが証明されましたが、離婚は決定し、血縁関係が証明された父親をしりめに、親権者は母となりました。

最後に一言。親権に関して確認しておきたいことがあります。それは、「親権うんぬんは子どもが未成年の間のみ」ということです。ところが、この事実を誤解している方が多いのです。親権者になれば、永遠に親権者であり続け、親権の取れなかった親は子どもとの縁が永遠に切れてしまい、親でなくなってしまうと思い込む方が意外に多いのです。

親権者になれなくとも、親が親であることには変わりはありません。それだからこそ、別れて住む親は養育費を支払う義務があり、面会交流を求めることもできるのです。これだけは忘れないで欲しいことです。

次に親権の争いが焦点だったケースを書きましょう。

(3) 事件2 親権をめぐる離婚調停

このケースでは、夫婦二人が、ほとんど同額の収入があり、同じような労働条件で共働きをしておりました。これからは、このような夫婦が当たり前になってくるのではないでしょうか。

中立人　夫　サービス業勤務　三交替の勤務体制　三八歳
相手方　妻　医療機関勤務　二交替の勤務体制　三四歳
結婚六年
子　長男　四歳　保育園児　両親の勤務の関係で夜間一人になるときには、近所に住む父方の両親の家で預かってもらっている。

第一回調停

〔申立人の話〕

妻と勤務時間の調整を重ねて、共働きを続けてきましたが、疲れ切ってしまいました。妻は仕事にかまけ、家事をおろそかにしているため、そのしわ寄せが　夫である自分と自分の両親に掛かってきています。妻はどうしても仕事を辞めようとしませんので、いずれ婚姻生活は破綻してしまうと思います。

この調停の話し合いで、夫婦間の溝が埋まらないということがはっきりしたら、事態があまり深刻にならないうちに離婚をしたいと思って申立てをしました。

離婚条件

① 親権は父親である自分が取る。長男は今までの生育歴から、自分の父母の監護が必要である

② これ以上妻との葛藤が高まらなければ、面会交流は妻の希望に沿って行うことを約束する

③ 養育費は相手方の収入に応じた額を要求したい

［相手方の反論］

仕事の関係で、妻として母として、家事、育児全般にわたり不十分であったことは認めます。夫が料理が得意であることに甘えてきたこともたしかです。しかし、掃除、洗濯などは自分が担当し、食事の点でいえば、仕事で深夜帰宅しても、冷たい味噌汁とご飯だけでも食卓にのっていればそれで十分。本当にありがたく、いつもおいしいと思って食べてきました。どんなに疲れていても、子どもの寝ている布団に滑り込むと、熟睡しているはずの子どもが夢中で抱きついてきます。その瞬間が、自分にとっては最高の幸せだと思って頑張ってきました。今この時点で急に離婚と言われても戸惑うばかりです。どうして、今まで通りでは一緒に生活できないのでしょうか。夫が離婚を決意するほど今の生活に不満を抱いているとは想像さえしていませんでした。離婚条件など急に提示されても、応えることはできません。

以上が、第一回調停日に双方から聞いたあらましです。

双方、比較的温和で、非常に常識的な受け答えをしていました。夫も妻に対する嫌悪感をあらわにすることもなく、ただ疲れ切っているようすがうかがわれました。それが妻との生活に原因であるのか、双方の深夜勤務を伴う職場環境に起因しているのかは定かではありませんでした。

ただ、夫は妻とのすれ違いの生活には耐えきれなくなったようで、「疲れて早朝帰っても、子どもの世話が待っています。夜勤あけの昼間、子どもを連れて公園に出かけたりすると、失業した父親のように他の母親たちから見られるのもたまらないです」と訴えていました。夫の申立ての真の目的は、調停を利用して、妻に仕事を辞めさせたいというところにあったようです。

一方、妻は専門職につき、収入も夫並にありながら、驚くほど控えめな主張をしていました。婚姻生活がこのまま続けていけるなら、夫の不満を解決するためには、できる限りのことをする。どうすればいいのか、夫のほうから提案して欲しいとの要望を出しました。ただ、現在の職を辞するのだけはどうしても受け入れられないとの主張でした。

妻の勤務時間が争いの原因の一つになっていることが明らかになってきたため、調停委員会から、妻の職場での勤務状態を、子どもがもう少し大きくなるまで、夜勤なしにできないものだろうか、それを次回までに検討してみるのはどうかと提案してみました。

それに対して、夫は、もし妻がその提案を受けるのであれば、自分も夜勤のない部署に替えてもらえるよう職場に訊いてみるとのこと。調停委員会としては、妻にだけ働き方を変えるよう検討を求めるのは、いかがなものかと迷うところがありましたので、夫の対応は前向きで好感がもてました。と同時に、夫が現在の状況に疲れきっているようすも明らかになりました。

第二回調停

［中立人主張］

妻は職場で、夜勤なしの勤務が可能か相談してきました。結果は可能ということでしたが、結局その話は断ったようです。妻が妥協案を受け入れないというのであれば、自分としても、離婚の気持ちを変えるわけにはいかないのですが、自分はもう、夜勤のない部署に移動させてもらうよう願書を出してしまいました。少し早まった行動だったかと後悔もしましたが、その分子どもと接する時間ができるので、これで良かったと考えることにしました。

［相手方主張］

勤務先に、夜勤なしの勤務が可能か打診しました。答えは可能ということでしたが、そうなると今までの正規の勤務から、パート扱いになるため、給料が今までの半分以下になってしまうと言われました。社会保障も付かなくなるし、ボーナスもなくなります。就職して十二年間、積み上げてきたキャリアが全て無駄になってしまうと思うと、受け入れることは無理だと考えました。

二回目の調停までの一か月間に、二人の主張は前回の振り出しに戻っていました。

配偶者の働き方にたいする不満は、けっして珍しいものではありませんが、それは妻から、仕事中毒のようになってしまった夫への不満として出てくるのがふつうです。ところがこのケースでは逆で、妻は離婚したくないと言いながらも、仕事だけは今までどおりに続けたいと主張しています。

調停委員としては、このような場合、当事者双方の歩み寄りを期待するのですが、なかなか打開策が見つからないでいました。

そこで、少し話題を変えるため、妻の実家の家族構成について質問してみました。妻の実家もさほど遠くないところにあり、両親も健在であると聞いていましたので、しばらくの間、妻方の両親からの援助も得られないだろうかと考えたのです。

［妻（相手方）の実家の事情］

実家には現在、両親、妹、祖母の四人が住んでいます。父はもともと体が丈夫ではなく、現在は無職、国民年金で生活しています。母は専業主婦ですが、妹が生まれながら障害をもっているため、常に付き添っていなければならず、仕事に就くこともできません。自分も物心つくころから、母親は妹だけの人と思って大きくなりましたが、その分祖母が可愛がってくれました。でも、その祖母も認知症が進み、現在、母親は祖母と妹の世話をしなければなりません。自分の子どものために時間を割いてくれるよう頼むことなど絶対不可能ですし、子どもを連れて実家に戻ることもできません。離婚話が出ているということさえ、父母には内緒にしています。

また、父の年金だけでは生活できないために、自分の月給の一部が実家の生活費として当てにされており、ボーナスの半分も夫（申立人）の了解をえて実家に渡しています。

以上の話を聴くと、相手方が現在の仕事に固執する理由が明らかになってきました。実家の四人の生活が長女である相手方の肩にかかっていたのです。

たぶん、夫もその事情をよく知っていて、今まで協力を惜しまず婚姻生活を続けてきたのでしょう。しかし、夫のほうがついに堪えきれなくなってしまったようです。

結局、夫は妻が自分と子どもの生活を第一と考えるか、それとも実家の家族を第一とするか、どちらが大切なのか選択せよとの問題を突き付けていることもわかりました。そして、夫は、最終的には、妻は自分と子どもを第一に選ぶだろうとの期待をもって、家庭裁判所に調停を申立てたのでしょう。

しかし、妻はどちらを選ぶのかと詰められても、答えることはできなかったようです。子どもと夫が大切なのは当然であっても、同じように実家の四人を見棄てることもできません。自分の月収が半分になり、ボーナスがなくなってしまえば、もう経済的に実家を援助することは不可能になります。物心ついたころから、自分が一家の大黒柱にならなければと思い続けて育ったのでしょう。

「私なんか結婚できないって、ずっと思っていたんです。だから、今の私は申し訳ないほど幸せだって感謝していました」。妻が本当にそう思っていたのなら、何とかして彼女の幸せを守ってやることはできないものだろうか。

私たち調停委員も何とかいい解決法はないものかと思いめぐらしていますと、次の一案が夫より出されました。

夫の両親に頼んで、親子三人が夫の実家の空いている部屋を使わせてもらい、同居するという案でした。それは、夫の母に全面的に子どもを任せることであり、食事の用意もその他の家事一般も、かなりの部分で夫の母におんぶすることです。夫は長男であり、姉妹は結婚して家を出ていたので、長男一家が実家に入るのは、ある意味、当然と思われるところもありました。また、実家には受け入れるスペースも十分にありました。それに、夫婦の夜勤がかち合ったときには、今までも、子どもを預かってもらっていた経過から、子どもには何の負担もかからないのも明らかでした。

妻はその提案にはすぐに応じられないようでしたが、夫はそれが可能なら離婚は避けられるかもしれないと主張しました。妻の、その案には即答できないという言葉で、次回までにそれが実行可能か、双方の実家の両親ともよく相談して、次の調停をもつということで、一か月後に期日を決めて二回目の調停を終えました。

第三回調停

［申立人の話］

前回の調停の後で、実家の父母に相談したら、喜んで同居を受け入れてくれました。長男もばあちゃんが大好きなので、この期日前に引っ越しをしてしまいました。ただ、相手方は仕事が忙しいと言って、荷物の整理もできないままで、現在アパートに一人で住んでいます。相手方が自分の実家に入り、円滑に生活ができたら、もう離婚調停は取り下げるつもりです。

［相手方の話］

前回調停のあと、申立人の実家に入る相談をしようと思っていたやさき、夫は勝手に自分と子どもだけの荷物をまとめて、実家に移ってしまいました。

夜勤明けにアパートに戻ると、ほとんどカラになったアパートの部屋に、自分の私物だけが、まるで不要品のように雑然と残されていました。その殺伐とした部屋に入った瞬間、これからの自分の生活が思いやられ、後を追って彼の実家に移る気を失ってしまいました。彼の家に入れば、私だけが血の繋がらない他人として、不要品のように、一人仲間外れになる生活をするのは目に見えています。

申立人は早く移ってこいと言ってくれますが、今となっては、彼の愛情を信じることができなくなっています。結局、彼はこの調停を利用して、自分にとっていちばん都合のいい生活を手に入れようとしただけではないでしょうか。

彼の最初の主張通り、離婚を受け入れる決心をしました。しかし、子どもだけはあきらめません。どうしても親権取得を主張します。

次回には、子どもを引き取り、どのようにして監護、養育していくか具体的な方策を提示したいと思います。


双方の気持ちをそれぞれに伝えて、今後どうするか、次回までに考えてくるということで、翌月に第四回調停日を決め、三回目の調停を終了しました。

三回目の調停の場では、申立人の夫は、すでに実家に戻ってしまったせいか、前回と比べて、話し方も表情も明るくなり、積年の生活の重荷をやっとおろしたような安堵感を浮かべていました。一方、相手方は、前回までの、ひたすら婚姻生活の修復を願って、控えめで従順なようすから一変して、全ての望みを捨て、何かを決心してしまった人によく見られる、悲壮な潔さのようなものをただよわせていました。

このことから、調停委員会としては、次回からは離婚の方向で、親権をめぐる攻防になるだろうとの予測をしました。

第四回調停

［中立人の話］

相手方はまだ実家に移って来ていません。いつこちらに移ってくるか調停委員から聞いてください。子どもはいつも大人がそばにいてくれるので、精神的に安定しています。母親がいない寂しさはさほど見せていません。あとは、相手方がこちらで一緒に住めば、全て解決なのに、何を考えているのでしょうか。

［相手方の話］

離婚をする気持ちには変わりありません。夫の実家に入っても、自分一人だけ血の繋がらない他人として、遠慮しながら生きていくのには耐えられません。

ただ、子どもを引き取った後、仕事と子育てを両立させ、実家の肉親の援助もきちっとこなせるかどうか今は自信がありません。夜勤の日に子どもを預かってくれる人も探していますが、なかなか見つかりません。アパート代も家事も子どもの世話もすべて自分一人で負担することが、金銭的にも体力的にもいかに大変か改めてわかってきました。夫の協力があってこそ、今までやれてきたことには感謝しています。

確定的な返事をするまでには、もう少し時間が欲しいです。次回までには必ず心を決めてきます。

ということで、翌月第五回目の調停日を定め、四回目の調停を終了しました。

相手方は冷静で聡明な女性であり、現実の厳しさも十分わかっている人でした。それでも、子の親権者になり、シングルマザーになる決意を崩さないのは、それなりの理由があったのでしょう。どんなに苦しいことがあっても、夫の家族の中に組み込まれることだけはできないと思っていました。何故なら、彼女には彼女しか守ってやれない自分の肉親がいるからです。自分だけぬくぬくと夫の家族に甘えて生きていくことは、彼女自身、自分に対してけっして許せない行為だったようです。

その気持ちは、痛いほどわかります。しかし、今の日本の社会で深夜勤も可能なシングルマザーの生活を支えてくれる公的施設はあるでしょうか。親、兄弟姉妹を当てにできなければ、孤立無援です。

せめて、勤務先に夜勤をする従業員の子どもたちのための深夜保育室のようなものがあれば、何とかやっていけたかもしれません。しかし、それも無理な話でした。

一方、申立人の顔からは、前回終了後に見られた、余裕とちょっと勝ち誇ったような表情が消え、逆に焦燥の色が見え始めていました。

私たちは、次回までに双方が何とか良い方法でこの離婚問題を解決できる道を探せるよう、祈るような気持ちで次の調停日を待ちました。

第五回調停

［申立人の話］

もう、相手方は一緒に生活する気持ちがないことがわかりました。今は、子どもの親権者は自分、相手方にはそれなりの養育費を支払ってもらうという当初の条件で離婚することに決めました。

相手方の家庭の事情もよくわかっていたので、結婚後それなりの協力はしてきたつもりですが、相手方が我が子を棄てても、実家の肉親を棄てられないというのであれば、残念ですが、これ以上婚姻生活を続けていくことは不可能です。

［相手方の話］

前回の調停から一か月間、子どもを引き取って生活するすべを模索し続けてきました。しかし、子どもを抱えて今までどおり仕事を続けていくのは不可能ということがわかりました。離婚をしないで、申立人の実家に入ることも考えましたが、自分の実家の現状を考えると、そんな虫のいいことはできません。

親権者になることはあきらめます。子どもは夫の実家で何不自由なく暮らしています。私と一緒よりも幸せでしょう。子どもがいなくなれば、一〇〇％仕事に打ち込めますし、深夜勤も何の心配もなくこなせるようになると思います。そうなれば、収入も今よりは良くなるでしょうから、養育費も支払えるし、実家への仕送りも続けられます。一部屋の小さなアパートを借りる手筈もすませました。子どもが泊りに来たときのために、せめて二部屋のアパートをと思いましたが、無理でした。次回には、離婚条件をきっちりと決めて、終わりにさせてください。

「やっぱり、私のような育ちのものが、結婚して子どもをもつなんて、もともと無理だったのですね」と憔悴した表情で話し続ける相手方の姿を目の当たりにして、私たち調停委員は、何とかこの状況を好転する方法はないものかと考えました。離婚となれば、親権が父親にいくのは目に見えています。

親権決定の条件はいくつかありますが、第一条件は子どもがより良い環境で養育監護を受けることができるということです。また、それ以外にも、これまでの主な養育監護者が誰であったか、監護者としての適性があるか、親の監護の不足分を補える補助人、施設などが用意されているかなど、いろいろ考慮しなければならない点があります。

このケースを見ますと、子の監護は夫婦半々で分担してきたことがわかっています。父は料理も得意です。育児を援助してくれる祖父母の存在は盤石です。一緒に住める家の広さも、周りの環境も、保育園の内容も、仲良しの友だちの有無も、比べたらどうしても父親のほうが有利な立場にあるのです。裁判離婚になっても、結果は多分同じでしょう。相手方はすでに専門家に相談していたようでした。

しかし、生まれや育ちで、いかに努力しても、争う前に諦めなければならないとしたら、生きていることはあまりにも辛いのものになってしまいます。とはいえ、本当に苦難に直面している人たちは、たてまえに固執して、嘆いたり、憤慨したりばかりでは生きていけないことを受け入れざるをえません。彼女も前に向かって進み始めたようでした。

次回の調停で離婚条件を確定させて、調停成立を目指すことにしました。

私たちは、離婚条件の中に、子どもとの面会交流の項目をしっかり入れなければと考えておりました。

寝ている布団にそっと入ってくる母親に、熟睡しながらも夢中で抱きついてくる子の気持ちを、けっして無視してはいけないと考えていました。

第六回調停

調停成立

離婚条件　親権者　中立人の父親とする。

養育費　月額二万円を相手方母から中立人父に対して支払う。

面会交流　月一回、相手方母の休日に合わせて、泊付きの面会交流を行う。

（泊付きとはお泊りのついた面会交流をいいます）

第一回の調停から半年がたっていました。

離婚調停は成立しましたが、当事者を含め、子どもも父方の祖父母も母方の肉親も少しは前より幸せになれたのでしょうか。もっとも「幸せとは何か」という問題に正解はないことは誰もが知っていることですが、ここでの幸せとは、家族間に熾烈な争いがなく、ここが自分の居場所だと思って、父・母・子が安心して一緒に暮らせることだと定義することにしましょう。

もし、他人の目から見て、誰も以前よりは幸せでなくなったように見えても、それは当事者双方が納得して得た結論ですから、受入れざるをえません。その中で、母親が月に一度、子どもと一緒に過ごせる一泊二日を得ることができたのはせめての慰めでした。そのためには、母から父への養育費の支払いは、確実に行われなければならないと思われました。父は最終的に、養育費は支払ってもらわなくてもよいと述べました。しかし、母は裁判所の「養育費算定表」から算出された月額二万～四万円の額を参考にして、支払うことを主張しました。結局、父の住居費がからないという点を考慮して、最低額の二万円を支払うということで合意成立となりました。

ささやかな家庭の幸せを維持していくというなんでもないことでも、実は、一緒に住む人間同志が同等に努力し忍耐し続けなければならないということがよくわかりました。どんな幸せも、一人の人間だけの犠牲や不満を土台にして築かれたものであってはならない。もし、そうであれば、いずれは崩れるものであることもわかりました。

長い間の調停委員の仕事の中で、一瞬のうちに崩れ去る家庭をどれほど見届けたでしょうか。

そのたびに、核家族のささやかな幸せがどれほど貴重なものか、と同時に、どれほどもろいものかもよくわかるようになるのです。

以上書きましたケースは、まだまだ救われる点が多くありました。

双方の当事者は、与えられた条件の中で、精いっぱい努力してきました。父親も母親も、本当に子どもを愛していました。子どもを引き取るため大変な努力もしました。

子どもの立場から言えば、離婚とは、子どもの了解もないまま、日常から一方の親が消去されるという不条理な出来事です。別れる夫婦の立場から言えば、一方が子どもと住めない親になることで、そこに熾烈な争いが生じます。

しかし、数ある離婚調停の中には、双方の親が積極的に子どもを引き取りたがらないケースがあります。または調停委員の目から見て、二人の親のうち、たとえ一人が親権者になると主張しても、果たして責任をもって子の監護養育ができるのであろうかと危ぶまれる親たちがいます。

または、健康に産まれた子どもを奪い合いながら、障害をもった子どもを押し付け合うような親たちもいます。

前にも書きましたが、離婚の原因がどちらか一方にだけあるとは限りません。

一方の配偶者の生活態度が改善されれば、もう一方の対応も変わるだろうという期待はいつももたれるものです。

しかし、夫がアルコール中毒で妻がうつ病、夫が愛人をつくって家を出て、妻が子どもを虐待する。夫も妻もギャンブルに目がなくて、子を置き去りにして、パチンコ屋に入りびたっている。夫に勤労意欲がなく無収入で、妻は夕方からの仕事で朝まで帰ってこない。まだまだあります。そのような夫婦がこれ以上一緒に生活ができないと離婚調停を求めて家庭裁判所に来ても、親権者を決める最初の難所で暗礁に乗り上げてしまいます。

まず、離婚をする前に、当事者がその原因となっている諸症状の治療を受けなければならないと思うことも度々あります。さまざまな依存症も、家庭内暴力も、きちんとした医療機関、適切なカウンセラーによる治療を受けられる体制が社会の中にでき上がらなければ、家庭裁判所の調停成立も、一時しのぎになってしまう恐れは十分にあります。

次は、養育費の決定についてのケースを書きましょう。

(4) 養育費とは

親権に関して合意ができれば、次は養育費や面会交流を決めることになります。

ふつうは親権者となった親（同居親）が子と同居して、監護・養育をすることになり、未成年の子に代わって財産管理を行い、法律行為の代理人となります。

そして子と同居しない親（別居親）は原則、収入に見合う養育費を同居親に対して支払うということになります。

養育費の歴史は前に書きましたので、ここでは省略しましょう。

さすがに、最近では、養育費の要求を調停の場で行うのは不当であると怒り狂う人はいなくなりました。しかし、たまには、間違った情報を鵜呑みにして、「ヨメが再婚すれば養育費は払わなくていいんでしょ。早よ、再婚するようヨメに言ってやってください」など、憎まれ口を叩くホトトギスのような若い父親がいます。本心はどこにあるのかわかりませんが、自分の子どもを他人の男に育ててもらうことに、なんの抵抗も感じないということは、妊娠そのもの、結婚そのものが天から降った災難とでも思っているのでしょうか、それとも自分の子のＤＮＡに何か疑問でも抱いているのでしょうか。

「つき合う」という気軽な言葉で、無防備に性行為をかさね、望まぬ妊娠をし、あわてて結婚すれば、父・母・子どもが思わぬ苦労を背負うこともあるでしょう。

アメリカなどでは、妊娠可能になった女の子には、九歳だろうが十歳だろうが、親は必ず避妊ピルを持たせます。妊娠中絶を罪と考える人たちが多い世界では、中学生でも、高校生でも、妊娠してしまえばそう簡単に中絶はできません。大きなおなかを抱えて通学している中学生、高校生など珍しくないのです。

以前、アメリカに住んでいたころ、アパートの向いに、もう使われなくなった古くて大きなレンガ造りの教会がありました。入り口には「アンウェド・マザーズ・ホーム（Unwed Mothers' Home＝未婚の母の家）」と書かれていて、臨月間近の少女たちが、その広い庭の中でなにやら作業をしている姿が日中も見られました。生まれてくる子は、生後間もなく養子に出されるとのこと。「父親など誰かわからないとなれば、当てにできない人間を当てにするよりは、そのほうがずっと母子とも幸せになれるのですよ。それに子どもを持てないご夫婦もたくさんいますから。そんな方たちには、ここで生まれる子どもは生涯の宝になります」とクールに話すホームの世話役の女性は、世の不条理はすべて見尽くしてきましたといった表情をしておりました。

一方、日本では、妊娠したから、生まれそうになったから、生まれてしまったからという理由で、入籍さえしてしまえば何とかなるだろうと、安易に結婚をして、ほんの半年、一年足らずで、子どもを抱えての離婚という方が実に多いのです。このようなケースをどれほど担当したでしょうか。または、妊娠中絶を選ぶ人もいるでしょう。正確な数字はわかりませんが、かなりの数になっていることは察せられます。

望まぬままに父親になった人が、できるかぎりの養育費を支払うと約束したところで、本当に長続きするのでしょうか。妻がお産のため実家に戻って、そのまま帰ってこない。生まれた子どもにまともに会わせてもらっていないと嘆く夫にとって、子どもが成人に達するまでの十五年、二十年がどれほど長い年月か、こんな夫婦の場合は、お産に掛かった費用をめぐっての争いが生じることも珍しくありません。

それだけではありません。自分自身に多額の債務がある。前婚での子どもがいる。離婚と同時に再婚しようとしている別の異性がいる。その他、養育費を出し渋る理由は枚挙にいとまはありません。

まず、調停で養育費の額を決めるときには、基本的に裁判所で用意した「養育費算定表」を参考にします。ただ、この「算定表」でいきなり決定というわけにはいきません。おおよその金額の目安がつくだけです。

当の子どもが特別虚弱である。産まれながらの疾病を抱えている。特殊学級へ通わせなければならないなど、裁判所で用意された「養育費算定表」では、簡単に算定できない場合も多くあります。

特殊事情を抱えた当事者の場合は、その事情を組み込んでの「養育費算定表」の使い方がありますが、それでも養育費の額で同意が取れない場合には、かなり真剣な話し合いが続けられることになります。

「養育費算定表」がつくられた当初は、調停委員は当事者にはその算定表を見せてはいけないと言い渡されました。「算定表」が決定的な金額を示すものと誤解されることを心配したのです。しかし、間もなく、インターネット（courts.go.jp）に、全算定表、計算の仕方など仔細にのり、誰でも調べられますので、いまさら「算定表」の内容がわかりませんでしたという方も少ないと思います。

養育費にまつわる真の問題は、その額の決定というよりは、むしろ長期間にわたる支払いをどのようにして履行してもらうかにあると思われます。調停で決めたことは決めたが、支払ってもらえないとなれば、ただ絵に描いた餅にすぎません。もちろん、調停調書があれば、強制執行もできます。しかし、そのような強硬手段を取らずに、別れて住む親には気持ちよく支払っていただきたいものです。

では、どうすれば、別居親に支払うモチベーションを維持してもらえるのでしょうか。私なりに考えてみました。

その1　養育費の額の合意形成の経過で

養育費を受け取る同居親が、相手に対して懲罰的な意味も含めて一円でも多く支払ってもらおうとがむしゃらに要求することがあります。別居親がこの金額なら自分の生活を切りつめても必ず払いますと金額を提示しても、どうしても譲らないことがよくあります。すると、払うほうも意地になり、その差がほんの二千円か三千円ぐらいのところで、延々と争いを続けたりします。同居親が少しでも多くの養育費を支払って欲しいと思うのは当然ですが、別居親のモチベーションを失わせてしまうやり方は得策ではないような気がします。それでなくとも、別居親は、理由はともあれ、家族の輪から自分だけはじき出されたという疎外感をもっているはずですから。

話し合いというのは不思議なものです。母親からの「相手方に無理はさせられませんね」という一言で、どういうわけか父親のほうも「それでは、子どもが上の学校に入るときの費用の半分は、決められた養育費に上乗せして支払います」と歩み寄りをみせるものなのです。

その2　養育費を受け取る同居親の感謝の気持ちの有無

支払う側の親からよく聞かれる言葉です。「苦労して支払っても、果たしてそのお金が子どものために使われるのでしょうか。支払った分、子どもの生活が豊かになれば、頑張ろうと思うのですが」。

たしかに、せっかくの養育費が同居親の遊興費などに使われしまう例も皆無とは言えません。しかし、親と子が生きていくためには、孤軍奮闘している同居親にも一瞬ほっとできる時間をもってもらいたいものです。いつもお財布の中の小銭を数えながら夕食のお買い物をしなければならないことがどれほど心寒く、気持ちを暗くさせるか。養育費の不足分を同居親が補充するのは当然としても、子どもを抱えたシングルマザーがそれなりの収入を得る機会はけっして多くないのです。

それだからこそ、同居親は、養育費を受け取ったときには必ず、送金してくれた別居親に対して感謝の意を伝えて欲しいものです。

その3　別居親には子どもの成長を常に見守ってもらう

同居親の中には、別居親には養育費を支払って欲しい。しかし、子どもには金輪際(こんりんざい)会わせることはお断りです、と主張される方がよくおります。別居親がいくら養育費を支払っても、その子の成長さえ確認できないような状況に置かれたのでは、十年も十五年もの間には、養育費を支払う意欲を失ってしまうのは当然でしょう。子どもの成長を目の当たりにしていれば、いい加減のところで養育費の支払いを止めようと考える親は少ないはずです。

今後は、これまで以上に養育費の支払いと面会交流とがワンセットとなり、別れた父と母の相互の努力で子を養育することが当たり前になることは間違いありません。協議離婚の離婚届用紙にも、養育費と面会交流の話し合いの有無のチェック項目が加えられたご時世です。

国の借金が膨大にふくらみ続けている現状では、母子（または父子）家庭が増え続けても、単親家庭の福祉に回す予算は限られています。老人もますます長生きになり、年金の支払いも、医療費の支払いも増加の一途をたどるのみです。せめて、離婚した夫婦は自助努力で自分たちの子どもの生活を賄ってください。そのためには別居親はしっかり養育費を支払って、同居親もがんばって別居親と子の面会交流をさせてあげてくださいよ、というのが国の新しい方針でしょう。

しかし、この政策を打ち出したわりには、国はあまりにも当事者まかせのやり方をしているように思われます。本当に養育費と面会交流をワンセットと考えるのであれば、間違いなく養育費が同居親に届くようなシステムをつくり、確実に養育費を支払った親には税制上の優遇措置をするといった国全体が総合的に動く必要があるように思います。また、面会交流に関しても、面会交流に不安を抱いている同居親がいるのですから、安心して子どもを会わせられる広い施設の建設や、専門職の担当職員の育成に着手するなど、それなりの予算を付けて実質的に動きだす必要があると思うのです。計画を立ててから実行に移されるまでに、国のやることはいつも時間がかかり過ぎます。

少し横道にそれますが、面会交流の援助をする公益社団法人（FPIC）や、いくつかのNPOがすでにそれなりの活動をしております。また、厚生労働省委託事業としてFPIC内に養育費相談支援センターもつくられております。しかし、そのような民間の活動に頼りきったままでは、状況は一向に改善されないような気がします。

二〇一八年には、家族法が大幅に改正されるとのこと。親権の問題も養育費、面会交流に関する問題も、かなり論議され、改正されることが期待されます。子どもの幸せを第一に考えようとする、始まったばかりの動きがますます充実したものになることをせつに願うばかりです。

次に、婚姻費用分担金と養育費と面会交流の絡んだ事件を一つ書きましょう。

(5) 事件3　婚姻費用分担金・養育費・面会交流がからんだ離婚調停

申立人　　妻　三二歳（専業主婦）結婚五年目

離婚したい

現在長女（五歳）長男（二歳）を連れて実家へ帰っている

申立理由　①　相手方は浮気をしている

離婚条件　②　自分の携帯電話、遊びに浪費して、家にお金を入れてくれない
子ども二人の親権者は申立人。養育費、慰謝料相当を要求
別居時から離婚成立までの間の婚姻費用分担金を支払ってもらいたい

相手方　夫　三二歳（会社員）
離婚には応じられない

反対理由　①　離婚後、子どもに会えなくなることは耐えがたい
②　妻は浮気を疑っているがその事実はない
③　妻は今までも、気に入らないことがあると子どもを連れて実家に度々帰っていた。この度もいつものことなので、いずれ戻ってくると考えている

第一回調停

［申立人の話］

夫は結婚して、二人も子どもができたのに、相変わらず独身時代と同じように友だちと夜遊びをして、必要以上の小遣いを使っています。また先月は携帯電話料金が七万円を超えたので、どうしたのかと思い、彼の携帯をのぞいてみたら、知らない女性とのデートの約束をするメールが残っていました。

このように金銭的にルーズで、そのうえ浮気をするような人とは、これ以上婚姻生活を続

けるわけにはいかないので、離婚の決心をしました。

また、実家に帰ってから三か月にもなるのに、一向に子どもたちを心配するでもなく、迎えに来るでもなく、彼も離婚する気持ちを固めたのだと思います。別居当初は、給料の入る銀行口座から生活費を自由に引き出せましたが、先月からは口座が変わってしまって引き出せなくなりました。離婚が決まるまでの婚姻費用分担金を請求したいと思います。

［相手方の話］

浮気をしているなど、濡れ衣です。携帯のメールの件は、男友だち同士で、女の名前を使っていたずらメールをやり取りすることが流行っていて、例のメールも悪友が女性名でデートに誘うようないたずらを仕掛けてきたので、それに乗ったふりの返信をしただけです。

携帯代が七万円以上になったのは事実です。理由は新しいゲームアプリを使って遊んでいるうちに夢中になってしまい、無料のはずが、七万円以上になってしまったのです。ただ、それは一回だけで、今は一切ゲームはしていません。

また、結婚して、家計も大変だから、飲み会も十回に一回ぐらいしか付き合っていません。仕事仲間はほとんどが独身なので、よく飲み会をしていますが、自分はそんなことはできないと承知しています。

妻は気に入らないことがあると、子どもを連れて実家に帰ってしまうことを、数えきれないほど繰り返していますが、その度に、自分が頭をさげて、迎えに行っておさめてきました。

今回も同じことだろうと思っていました。あまりにも度重なるので、今回は迎えに行くのは止めようと思いようすをみていたら、三か月もたっていました。でも、離婚をしようという気持ちはまったくありません。

子どもたちに今すぐにでも会わせてほしいです。勝手に子どもを連れて実家に戻ってしまったうえに、子どもに会わせてくれないのは納得がいきません。

離婚をすれば、ますます子どもには会えなくなるでしょうから、絶対離婚はしません。

双方の話を聴いたあと、調停委員会としては、双方とも離婚の決意はまだできていないとの感触を得て、双方にそれぞれの気持ちを伝え、次回までに申立人は子どもたちを相手方に会わせる方向で、相手方には当月から婚姻費用分担金を「算定表」を参考にして支払うことを検討するよう伝えて、次回を翌月に決めて第一回調停は終了しました。

調停委員には、当事者二人を比べると、申立人の妻のほうが万事につけ支配的で、子ども二人を抱える今、いつまでも独身気分の抜けない夫にイライラしながら婚姻生活を続けてきたようすがうかがえました。一方、夫はどちらかといえば、暢気で気のいい子煩悩の男性で、イライラする妻に戸惑いながらも、子どもたちを生きがいに、事をおさめてやってきたようすが見えました。

妻が子どもを連れて実家に帰ってしまうことが繰り返されることは、根本的な不仲の原因がどこか別にあるように思われましたが、双方から具体的な話はありませんでした。ただこれが繰り返されるたびに、妻の不満は増幅し、一方、夫のほうは慣れっこになって、溝そのものは深まるばかりのように見えました。

その日、家庭裁判所には母方の祖母が子ども二人と一緒に来ており、申立人が調停室に入っている間は、祖母が子ども二人を見ていました。長女は保育園を休んで、いつも一緒に裁判所に来ていました。

第二回調停

［申立人の話］
相手方に子どもを会わせることはできません。先に婚姻費用分担金の額を決めて欲しいです。別居してから四か月になるのに、相手方は父親のくせに、受け取った「児童手当」どころか、生活費も渡してくれません。それは、子どもたちを可愛いと思わない証拠です。
前回の調停から一か月もたっているのに、送金もないし、迎えに来るようすもありません。子どもたちも、もう父親のことは何も言わなくなったところをみると、忘れてしまったのではないかと思います。子どもが忘れてしまったのですから、夫に子どもを会わせる必要はないと思っています。
離婚の気持ちは変わりません。ただ、離婚が決まるまで婚姻費用分担金を支払ってもらわないと、子どものおやつ代にも事欠きます。また、長女の保育園代も離婚すれば無料になるはずです。このままだと今までどおりの金額ですので、払い続けるのは不可能です。

［相手方の話］

中立人は何かにつけて、「カネ！　カネ！」ばっかりで、お金がなくて困っているなら、戻ってくればいいではないですか。気に入らないことがあると、実家に戻るのはこれで十回以上にもなっています。短くて一週間、長いと一か月も帰ってきませんが、このへんで、実家に戻ればすべてが解決するようなやり方は終わりにしてもらいたいです。とにかく、子どもに会わせて欲しいです。子どもだって寂しい思いをしているに違いないと思っています。

双方の話を一応聴いたあとで、再び申立人に入室してもらい、一家の収入、支出について話を聴きました。

［申立人の話］

結婚するまでは、自分もフルタイムで働いていました。妊娠六か月で仕事をやめ、結婚、入籍しました。一緒に住み始めると同時に子どもが生まれ、夫一人の給料で生活をするのはどれほど大変か初めてわかりました。

長女が保育園に入れるようになったら、自分も働こうと思っていたやさき、二番目の子どもを妊娠してしまい、生活はますます苦しくなりました。結婚前、自分のお給料を自由に使えたころが夢のようです。今のように経済的に苦しい生活がいつまでも続くのかと思うと、一緒にやっていく自信がなくなりました。実家からはお米や野菜が届いていますが、それでも月末にはやり繰りが大変です。そんなときに、携帯料金が七万円以上も請求されたら、もう離婚しかないと思うようになったのです。

夫はいい人ですが、覇気がないのです。イライラしているのは自分だけで、いつも損ばかりしています。

次は相手方に家計について聴いてみました。

［相手方の話］

月給は手取り二二万円ぐらいだと思います。会社の景気によって年末にボーナスが出たりすることもありますが、せいぜい一か月分ぐらいです。その中から自分は小遣いとして月三万円貰って残りは妻に渡し、アパート代、自動車のローン、公共料金、子どもの保育園代、教育保険、残りは生活費になっていると思います。

たしかに余裕はないですが、自分は職場では精一杯働いているし、貰った給料は手を付けずに妻に渡しています。自分も三万円の小遣いの中から、昼ごはん代と車のガソリン代を払うと、友だちと飲み会に行く余裕などまったくなくなります。まして浮気などできるはずもありません。

妻がイライラして実家に帰ってしまうのは、月末のお金が足りなくなったときのような気がしますが、いまさら給料の好い会社を探して転職するなどできるはずもありません。

双方の話をつき合わせると、子ども二人を抱えた家庭での生活費の不足が夫婦関係をこじらせていることがわかってきました。経済状況以外に、相手方には、大酒飲み、ギャンブル、家庭内暴力、申立人からの申立書にあった不貞の事実はなく、申立人も几帳面な家庭の主婦であるようでした。

そこで、経済的理由のみで離婚をするのであれば、その前に、双方少しでも収入を増やす方向で努力してみないかと提案してみました。それに対し、申立人は下の子がまだ二歳なので仕事には就けないと主張し、相手方は今までも残業などして遅く帰ることがあったが、そのたびに、申立人に文句を言われ続けてきたので、これ以上働く時間を伸ばすことはできない、と主張しました。

双方の話を聴いたあとで、離婚をすれば間違いなく双方とも今以上に生活は苦しくなりそうだという話をしました。

そのうえで、まず、離婚が決定するまでに相手方から申立人に支払うべき「婚姻費用分担金」*の説明をし、その「算定表」を参考に、おおよその金額を提示しました。ところが、申立人は「こんな少しでは生活できない」と言い、相手方は「こんなに支払ったら自分の生活ができなくなる」と双方困惑したようすでした。手取り二二万の収入で二つの家庭を支えることがいかに不可能であるか、双方はやっと理解できたようです。

離婚をすれば相手方の支払うべき「養育費」はどの程度になるか。「養育費算定表」を見れば、中立人の受け取る金額はなおいっそう低くなることは明確です。

中立人は、離婚さえすれば、家計のやりくりから逃れられるだろうとの淡い期待はできないものとやっと理解できたようでした。

そこで、次回までに次の目標を設定いたしました。
① 一家の収入が少しでも増える算段を考える
② 次回調停日に、別居中に相手方が受け取った「児童手当」を中立人に渡す
③ すぐに、離婚をするか、または別居が続くのであれば、相手方は先月分からの「婚姻費用分担金」を中立人に支払う用意をする
④ 中立人は子どもを相手方に会わせる算段をする
「婚姻費用」とは文字通り、婚姻生活を継続するための、必要費用すべてをさすのもで、夫婦が円満に同居しているとき（仕事での単身赴任をも含める）には、特に争いにはなりませんが、不和のため別居したような場合は、収入の多い配偶者から収入の少ない配偶者へ「分担金」として支払うことになっています。これは、同じ家族に属する者は全員同等の生活水準を維持するという法律に基づくものです。
＊「婚姻費用分担金」の支払い開始時期は、争いになることが多いですが、家庭裁判所では分

担金を支払って欲しいとの要求が出た時点から支払いを開始とすることが一般的なようです（原則は別居開始時から離婚するまで、または同居を再開するときまでです）。

また、いったん離婚してしまうと、元夫と元妻とは家族ではなくなりますが、親と子の関係は継続しますので、別居する親からは収入に見合う金額を「養育費」として子の同居親に支払われることになります。

以上の四項目を努力目標とし、次回にその成果を持ってくるということで、翌月に第三回目の調停日を決め終了しました。

第三回調停

当日思いがけないことが起きました。長男（二歳）が発熱のため、祖母と一緒に家に残ることになり、中立人の調停中に長女を見てくれる人がいないとの連絡が当日の朝になってありました。調停委員会としては、中立人が本日の調停を延期したくないのであれば、子どもの見守りは手すきの職員なり、調停委員がやるので、家裁に来るように伝えました。

本日の調停を逃せば、次の期日は一か月後になります。それでは、本日予定の「児童手当」の受渡しも、「婚姻費用分担金」の決定も遅れることになります。母親もこれらの件は、今日中にすませたいと考えていたようでした。

少し遅れて行きますという申立人の言葉を受けて、その日は相手方から話を聴くことにして、調停を始めました。

［相手方の話］

収入を増やす方法はないかと周りに相談したら、知人から、ガソリンスタンドで夜の七時から十時までのアルバイトの仕事を紹介されました。妻と子どもたちと一緒に暮らしていたころは、そんなに遅くまで外で働くことは不可能だと思っていましたが、今は一人暮らしだし、夜何もしないでアパートにいるのも寂しいので、思い切ってその仕事をすることにしました。会社の上司に相談したら、昼間の仕事を今までどおりにやってくれるならば、アルバイトを認めると言ってもらえました。

一日三時間で三千円、二十日働けば六万円の収入増になるので、婚姻費用分担金も十分払えると思います。この支払いが永遠に続くとしても、自分としては絶対離婚はしたくないです。また、一日も早く子どもの顔を見たい。先月貰った「児童手当」を持ってきたので、妻に渡してください。「自分のお金でもないのに、渡さないでいたのは悪かった」と伝えてください。お金がなくなれば、戻ってくるだろうと考えたのは僕の間違いでした。

以上の話を聴いているうちに申立人が到着する時間になりましたので、ここで話を中断しました。

中立人が調停室にいるあいだ、長女を誰が見るか調停委員会は中立人を交えて相談する必要があったのですが、このときふと、父親である相手方に見てもらおうとの案が浮かびました。これはある意味ルール違反ですし、いろいろ危険を伴うことでもあったのですが、現在、婚姻継続中の双方は親権者であり、相手方とそれまで三回話をした感触では、彼はけっして子どもに危害を加えたり、連れ去ったりするような人ではないとの確信が得られていましたので、父親に見てもらうことはどうだろうかと母親に提案してみました。

そのときの中立人の返事が意外でした。「血の繋がった父親が子どもを見るのがいちばんですよね」。

そこで、大急ぎ、相手方のところに行き、事情を話し、一時間だけ長女を見てもらえるかと訊きました。もちろん、父親は破顔一笑引き受けてくれましたので、大急ぎで、四つほどの約束をしてもらって、別の個室を用意しました。

約束　①　絶対、子どもを連れて部屋の外に出ないこと
　　　②　子どもには、母のこと祖父母のことは聞かないこと
　　　③　今後いつ会えるかといった約束はしないこと
　　　③　保育園、お友だちなどの愉しい話題を選んで話をすること

その後、急いで、母子のいる部屋に戻り、長女に「これからパパと一緒にいてもらいたいのだ

けど、いいかな」と話しかけました。ところが、彼女は体をねじらせて母親にすがりつき「パパと〜? いや〜」と訴えたのです。しまった。順序が逆だったかと思う間もなく、母親が「ママは大切なお話をしなければいけないの。お利口さんしてパパのところにいってね」と言いきかせました。「ね、おばちゃんとお手々つないでパパのところに行こうよ」と一押ししたら、彼女は不服そうに下を向きながら手を握ってくれました。

驚いたのは、次の子どもの行動でした。しぶしぶ部屋を出て、ドアが閉まるのを確認したとたん、子どもは突然表情を変えて言いました。

「おばちゃん! パパはどこ。早く連れて行って。早く早く」と同時に廊下を駆けだしていました。「エレベーターに乗るのよ」というと、子どもはエレベーターの前で、脚をバタバタさせながら「早く早く。パパはどこ。何階のボタンを押すの」と言っていました。

父の待つ部屋のドアを開けると、子どもはゴムまりのようにバウンドして、すっぽりと父親の胸の中に飛び込みました。「それじゃ。約束を守ってくださいね」。ひと言残して、私は申立人のいる調停室へ向かいました。

［申立人の話］

前回の調停で、離婚しても養育費が思いのほか少ないので、びっくりしてしまいました。役所の福祉課に行って相談しましたが、自分が働かなければならないことがよくわかりました。そこで、二歳の長男を母に見てもらい、長女が保育園に行っているあいだ、一日四時間、週三回、近くのコンビニで働くことにしました。月五万円の収入になるので、何とかやっていけるかと思いますが、それでも子どもが病気になったりしたら、どうしようかと心配です。それに、生活が少しばかり楽になる代わりに、子どもから父親を取ってしまうのが、果たして良いことなのかとも迷っています。やっぱり子どもには父親は必要ではないかと思い始めました。

申立人が言葉に詰まってしまったところで、調停委員が相手方から受け取った「児童手当」の入った封筒を手渡し、相手方も夕飯後にガソリンスタンドでアルバイトをすることにして、収入が六万円ぐらい増えることになりそうだと伝えました。また、相手方は「児童手当」を送らなかったことを謝罪していたことと、いくら長くなっても「婚姻費用分担金」を支払い続けて、帰りを待っているとの旨をも伝えました。

申立人の話の続き

今までも、何度か、パートに出ようか、アルバイトをしようかとの話は出て、実際やってみましたが、結局は長続きしませんでした。しかし、今回のことで、現実は甘くないことがよくわかりました。子どもたちも以前よりは手がかからなくなってきているので、二人で頑張れば月収が十万円以上増える可能性も出てきたのですね。

長女もあと一年で小学校に入るので、このへんできちんとしなければいけないと思い、離婚の方向を選んだのですが、離婚しても何も解決しないこともわかってきました。しかし、今度もまた長続きしないまま終わってしまえば、元の木阿弥で、同じことの繰り返しになります。今は、どうしたらいいのかまったく決められませんが、次回の調停には結論を持ってきます。自分で申立てていながら今になって迷っているのはおかしいのですが、二人がパートとアルバイトを続けていけるかどうか見定めたいので、次回の調停日は二か月先に決めてもらえませんか。

ここで、調停委員から、調停は申立てた本人が取り下げたいと思ったときは、いつでも取り下げができること、また何度でも申立てができることをも伝えました。

そこで、約束の一時間がすぎているので、相手方と子のいる部屋に行きました。ドアをノックして入っていくと、長女は一時間前と同じ姿で父親の膝の上に抱かれたままで、楽しそうに話をしていました。

「パパにバイバイして、ママのところに行こうね」と声をかけると、長女は一瞬我に返ったように笑顔を消すと、父親の膝から降りて、黙ってサヨナラの手を振りました。そして、下を向いたまま、エレベーターに乗りました。つないだ手が、彼女の怒りを伝えていました。

ところが、母親の待つ部屋に入ったとたん、長女は「ママー！」と言いながら、母親に駆け寄り、しがみつきました。こちらをチラッと見た顔には、明らかに「パパとのことは言わないで」といった表情が浮かんでいました。
「あなたは、パパもママの大好きなのね。いつも一緒にいたいんだよね。一緒にいれるように、パパにもママにも頑張ってもらおう」との意味を込めて、うなずきながら笑顔を返すと、長女はほっとしたようでした。

その後、次回までにやるべき事柄を確認しました。
①　相手方は「婚姻費用分担金」として「算定表」による金額を毎月末日までに、中立人の実家に持参する
②　そのときに、相手方は長女、長男との面会交流を行う。ただし、子どもたちが希望すれば、面会交流の回数を増やす努力をする
③　中立人はコンビニのパートを、相手方はガソリンスタンドのアルバイトを続ける

以上三項目の実行を約束して、二か月後に第四回目の期日を決めて終了しました。その後、一か月半たったころに、中立人から、①〜③の約束が守られていて、近々別居を解消してアパートへ戻って一緒に生活することにした。よって離婚調停は取り下げたいとの電話が書記官へ入りま

した。

これは四回目の調停を前にして、離婚の方向から修復に向かったケースですが、ある意味、非常に典型的な若い夫婦の離婚調停の形です。

その特色を列記しますと次のようになると思います。

①　結婚前に妊娠がわかり、結婚と同時に子どもが生まれ、実質的に二人だけの結婚生活を送っていない。その後、子育て、金銭のやりくりに追われ、新しい生活への希望や楽しみを享受しないまま、現実の厳しさにたじろいでしまっている。

②　その辛さの中で、夫婦関係を構築できないまま、結婚相手、結婚生活に幻滅を感じ始める。

③　些細なことを理由に離婚を求める。

まさに、年配者からみると「あっさり結婚、あっさり離婚」という形です。そんなときに、何が離婚へ向けて加速させるか、何が離婚をとどめさせるか、どれほど調停にかかわってきても、本当にわからないものです。

ただ、このような結婚、離婚をする若者の中には、一種の現実逃避として結婚をし、間もなくその現実に耐えられなくなって、再び現実逃避として離婚を選ぶという方もいるようです。

本気になって、相手を求めれば、ストーカー呼ばわりされる時代ですから、若者たちは、何事にも「あっさり」志向なのでしょうか。

この事件でいちばん印象に残ったのは、長女の賢さと健気さでした。五歳の少女には、なんとしても両親に仲良くして欲しいという気持ちがあふれ出ていました。この夫婦が、離婚よりも修復に向かったのは、この少女の健気さにあったのかもしれません。この少女の存在そのものが、男女の結びつきの結果であり、結婚の現実ですから、逃れることなどできるはずもありません。

きっと、この夫婦はこれからも同じような争いを何度も繰り返すのでしょう。何度繰り返しても、二人があきらめないかぎりは、少女の望みどおりに婚姻生活は続けられると信じたいものです。妻のイライラが溜まったときに、逃げ込む場所があるのも、優しい目で見れば、いいことなのかもしれません。

(6) 面会交流に関する争い

未成年の子どものいる夫婦の離婚に際して、親権を取れなかった大部分の親は、別れた子どもに会いたいと主張します。そして、親権者になった親の大部分が、面会交流の実施に難色を示します。

大部分の親と書きましたのは、二度と再び子どもには会いたくないという親もいるということです。このように主張する少数派の親は二つに分類することができます。一方は、もう次の結婚相手が決まって、前婚の名残全てから逃げ出したいと考えている親です。もう一方は、年に数回、多くても月に一度ぐらいの面会交流で、満足する親子関係が築けるはずもないだろう。毎日子どもに会いたいと思いながら、年数回の会える日を待つなど、辛すぎる。それなら、いっそ子どもはいなかったと諦めたほうが、これからの新しい人生が楽になる、ということらしいです。

このような諦め方は、異性間ではよく聞かれますが、親子の関係ではどんなものでしょうか。このような場合は、親権を取ったほうの親が、往々にして面会交流は絶対に認めないと主張している場合が多いものです。ところが、不思議なことに「別居親が面会交流を諦めました」と伝えると、今まで「会わせない」とあれほど主張していた親が、急に涙を流して、「そんな薄情なこと言っているんですか。子どもまで捨てる気なんですね」などと言い始めます。

人の心は本当に不思議です。争いの最中の夫婦は、相手や子どもの心ばかりでなく、自分の本心さえ容認したがりません。逆に、相手の出方に挑戦する対応ばかりしたがります。それが、結果的に子どもの幸せにつながらないとわかっていても、渦中の人間は争うことに夢中になります。そして、争いの後には傷つく者が残るということに気がつきません。ともすると、その渦の中に、調停委員のみならず、調査官までが巻き込まれてしまうこともあるのです。

司法統計によると、二〇一五年に家庭裁判所に申立てられた面会交流を求める調停事件は約一万二千件で、十年前の二・四倍になっているそうです。三十年前に担当した事件のさい、調査官から「要らぬ紛争の種になる『面会交流』の話などしないで欲しい」と釘を刺されたことがウソのようです。

また、前にも書きましたが、せっかく調停で合意できても、実施できているのは四四％にすぎないとのことです。

まず、面会交流実施の話を進めるうえで、一つだけはっきりさせておかなければならない点があります。それは、家庭内で子どもに暴力を振るった親と、虐待やネグレクトを受けた子どもとの面会交流です。

配偶者のみならず子どもにまで救急車で運ばれるような怪我を負わせる親がいます。そのような狂暴性をもっている親と、ふつうの親とを同列に置くことはできません。理性を超えて暴力を振るう人間には、法学、医学、心理学各学会、警察組織、裁判所、医療機関、福祉施設その他、国をあげての対処が必要です。

この問題の解決を元配偶者のみに任せるのは酷です。安易にその場かぎりの対応をしてしまうと、真の問題を見落とすことになります。何度でも繰り返される暴力のなかには深い闇が存在します。この闇が払拭されないかぎり、親子の面会交流は不可能です。家庭内暴力、子への虐待、ネグレクトは、この後、何度も書いていこうと思っております。

ここでは、子に対する虐待などけっしてなかったはずなのに、どうしても、同居親が面会交流の実施を認めない事例に限定して書いてみようと思います。

面会交流の実施に関して、私たちが惑わされる最大の理由は、当事者の父、母、子どもが三者三様に本音と言葉を乖離させて話すことです。

まず、面会交流を拒否する同居親（主に母親ですが、以下の文章は父親に置きかえることもできます）の話を聴いてみましょう。

1．子ども自身が面会交流を嫌がっているという理由での拒否

①「子どもは私と同じように、別れた親を嫌っています」

②「子どもに、パパに会いたいかと聞いても、会いたいとは言いません」

③「子どもは別れて住む父の話を聞くだけで、恐怖を感じているようです」

2．別居親の欠点を述べて面会交流を拒む

①「あの人は人間的に欠点が多すぎます。父親としてはふさわしくありません」

②「あんなひどい男は夫でも、父親でもありません。教育上あんな男に会わせることはできません」

③「あの人がどんなひどい人か、もう少ししたら子どもにしっかり教えなければならないと思っています。そのことを子どもがよく理解できた時点で会わせることにします」

④「あの子が父親から自分を守れるようになるまで、もう少し待ってください。中学生ぐらいになったら会わせてあげてもよいと思っています」

⑤「あの人は結婚中にも、ろくろく子どもの世話をしてくれなかったネグレクト親です。そんな人に子どもが会いたがるはずはありません」

3．子どもを連れ去られる心配を理由とする拒否

①「あの人に会わせたら、子どもを返してくれなくなります」

②「あの人は自分が親権者になろうとしているのです」

③「子どもが連れ去られたら、家庭裁判所はどう責任を取ってくれるのですか」

4．双方の実家の親との軋轢（あつれき）を理由とする拒否

①「自分の父母（子どもの祖父母）も、あの人とは一切手を切れと言っています。子どもを会わせるようなことをしたら、今後一切、子どもの養育には協力しないと言われています」

②「あの人は、私の実家の親、兄弟にも迷惑をかけましたから、子どもだけ親子仲良くというわけにはいかないのです」

③「私たちの離婚は相手方の父母が原因になっています。面会交流で子どもが相手方の父母に会うかもしれません。そんなことは許せません」

5．親子の新生活の邪魔をされたくない気持ちからの拒否

①「やっと子どもと自分だけの生活が落ち着き始めたのです。ここで父親が出現したのでは、また子どもの気持ちが不安定になります。そっとしておいていただけませんか」

②「子どもには、父親は私たちを棄てて、どこかに行ってしまったと言ってきかせました。子どもも父親に会えないということは納得しています」

③「たしかに、子どもは父親に会いたがっています。でも育てているのは私です。子どもが父親に会いたいというたびに、子どもへの愛情が冷えていくような気がします。それ以上、私の心に水を差すようなことを言わないでください」

④「一度、父親に会わせたら、その夜は夜泣きをするわ、熱を出すわで大変でした。もう沢山です。私は子どもとの生活で精いっぱいです。二度と会わせるつもりはありません」

6．養育費とリンクさせての拒否

①「この程度の養育費しか払わない親に子どもを会わせるわけにはいきません。養育費をもう少し上げてくれたら、実施を考えます」

②「面会交流を許したら、あの人ばかり得するじゃありませんか。いいとこ取りでしょう。あの人が支払う養育費だけでは子どもは育てられないのですよ」

以上が、調停の中での面会交流を拒む同居親から発せられた言葉です。発せられた言葉どおりに書いてみましたが、その発言を、客観的に分析してみますと、次のような母親の本心がわかってきます。

少し意地の悪い分析結果ですが、母親本人も必ずしも意図的にそのような目的で発言しているのではないと思います。しかし、争いの中では、誰しもが誰かを無意識のうちに操作したいと思って行動を取るものです。その対象がたまたま調停委員だったり調査官だったりすることもあるのです。

まず、面会交流を拒む同居親の発言の中にある本音を探ってみましょう。

①　離婚をした自分の立場を擁護したい

元配偶者は悪い人だった。自分はこの結婚の犠牲者である。離婚は仕方がなかった。だから、加害者である元配偶者から子どもを守ってやらなければならない。だから、会わせられないと同居親は確信しています。

しかし、別居親に会いたがっている子どもは、同居親が考えるよりはるかに多いのです。たしかに、1．子どもが面会交流を望んでいない、2．別居親は人間として失格である、という拒否理由が最も多く、この主張がいちばん他人を納得させられそうです。

ただ、ここで注意しなければならないのは、子どもの気持ちと別居親への評価が、同居親の口から語られている点です。

必要と思われるときには、調査官が直接子どもと話す機会をもちますが、子どものもつさまざまな葛藤の中から、その本心を汲み取るのは大変なことです。当然子どもの性別、年齢、成熟度、性格、同居親の影響が関係してくるでしょう。そのうえ、子どもの言っていることが今後不変であるという確証はどこにもありません。また、周囲の大人たちの争いの中に身を置いてきた子どもが、おいそれと本心を明かすことなどありえないことも心しておくべきことだと思われます。また、もっと気をつけなければならないことは、人は誰でも、他の人間の話す言葉を、自分が理解したいように理解するのだという事実です。

また、別居親への評価は、成長していく子ども本人に任せるのがいちばんではないかと考えます。

別居親から遠ざけられたうえに、同居親からは、別れて住む親の評価を押しつけられることが、子どもにとってどれほど納得のいかないものか、元配偶者への嫌悪の情から思わず漏らされる、別居親への低い評価の言葉の数々がどれほど子どもを傷つけるか、想像するにあまりあります。また、「あなたのパパはとてもいい人だった」などと取りつくろえば、「じゃ、どうして離婚したの？」と、さらなる不信感につながるでしょう。同居親が百点満点でなくとも子どもは大好きなのですから、別居親が百点満点でないから会わせられない、などと言わないで欲しいものです。

ある青年が話してくれました。

彼の両親は離婚していましたが、母親は父親との面会交流を積極的に後押ししました。彼は面会交流の日が近づくたびに、憂鬱になりました。男同士、会ったところで、何をどうしていいかわからなかったと言います。しかし、面会交流を重ね、彼自身も成長していくにつれ、母親と父親の人間性、価値観などの違いがよくわかってきたとき、両親の結婚がなぜ離婚という不幸な結果になったのか、やっと理解できるようになり、以前抱いていた両親に対する不信感や嫌悪感がなくなっていったと話してくれました。もし、父親に会わずじまいだったら、自分は一生父親がどんな人間であるかも知らず、両親の離婚も受け入れられず、二人への気持ちはもっと冷たいものになっていたはずだとも言っておりました。

子どもにとっては、両親の離婚は天から降ってきた災難のようなものです。子どもは、子どもなりに、両親の離婚の原因を知りたがるでしょう。自分のせいかもしれないと自分を責める子どもが多いと聞きますが、長い年月をかけて、両親の離婚を受け入れられるようになったこの青年は、やはり両親から深い愛情を受けて成長したことになるのだと思われました。

もう一つ、エピソードを書きましょう。

アメリカに住む友人リサと彼女の娘の話です。リサの夫ロバートは二十年前に突然愛人をつくって蒸発してしまいました。彼女は女手一つで当時十歳だった娘のジェッシーと息子を育てあげました。

その娘の結婚式に招待してくれたのです。カリフォルニアワインの産地であるナッパの隣町ソノーマのブドウ畑の持ち主が婿さんで、彼のブドウ畑の中にある広い庭で式を挙げ、披露宴もするとのこと。もちろん張り切って飛行機に乗りました。

当日、思いがけないことが起こりました。

ヴァージンロードにジェッシーと登場したのは、かつて妻子をおいて蒸発した父親のロバートでした。花嫁とラストダンスを踊ったのも父親でした。目立たないようにしていた母親のリサが気の毒になりました。で、招待客のおばさんたちが、ひそひそ話を始めました。「ロバートのいいとこ取り」「よくもまあ」。

そんな中に、リサが入ってきて言いました。

「今日のことは全部ジェッシーがお膳立てしたの。彼女にもプライドあるってこと認めてあげてね」。

初め、その意味がわかりませんでした。でも、次の言葉でやっと納得がいきました。

「ジェッシーは自分が父親に棄てられた娘じゃないってことを、みんなの前で見せたかったの。私はダディーのお気に入りの娘よって。棄てられた子どもにもプライドがあるの。棄てられた母親といつまでも同じ場所にはいないのよ」。

①の説明が長くなりました。そろそろ②に移りましょう。

② 子どもは同居親の自分だけを頼りにして、愛して欲しい

面会交流を実施することによって、子どもが元配偶者に対し、愛情をもつことを恐れているのでしょう。子どもも自分と同じように別れた配偶者を嫌って欲しいと願う気持ちはわからないでもありませんが、それは、我が子に自分の半分を否定しなさいというのと同じように思われます。元配偶者は離婚によって赤の他人になったかもしれませんが、子どもと元配偶者はどんなことになっても赤の他人にはなれないのだということだけは忘れてはいけないことでしょう。

③　子どもの養育に関して邪魔なものは排除したい

子どもと始めた新しい生活に、異なる価値観をもつ人間を加えたくない。元配偶者やその親、兄弟姉妹などとは金輪際縁を切りたい。逆に自分の親、兄弟姉妹との絆を強くしたいと考えるのでしょうか。離婚にいたるまでも、夫婦の問題、親子の問題を常に親、兄弟姉妹とリンクさせて解決しようとしてきた方たちであれば、親子の面会交流の是非まで親戚が口を出すのは当然です。

一方、頼りになる実家がない母親は完全に父親の影を消し去って、子どもを一人で抱え込もうとします。この気持ちが度をこすと、同居親ばかりでなく、子どもまでを疲弊させてしまうようです。

④　別居親に、自分の養育の欠点や不足部分を知られたくない

同居親自身が、自分の養育に対して自信がもてていないのでしょう。別居親が自分の子育てに不満をもって、親権者変更の申立てなどするのではないかとの心配のあまり、子どもから別居親を遠ざけようとします。

どんな環境にあっても、子どもを育てることは、育てている人間を不安にします。自分の子育てが百点満点だと思っている親などいるはずはありません。親権を授かった親は、もっともっと自分の子育てに自信をもって欲しいものです。そして、たまに会う別居親には「こんなに良く育っていますよ」と堂々と子どもを送り出し欲しいのです。もちろん「毎月養育費送ってくれてあ

りがとう」の一言も加えて。

⑤　養育費をもっと上げて欲しい

子どもを引き取って生活を始めて、予想していた以上に現実の厳しさに弱気になってきたのでしょうか。面会交流を認めるから養育費をもう少し上げてくれとの交渉です。でも、養育費の額で子どもに会わせる、会わせないというのは、やり方としてはスマートではないような気がします。

子どもが、別居親との面会交流が養育費増額の切り札に使われているとわかったとき、どんな気持ちをもつでしょうか。

ただ、なかには母親から「しっかり小遣い貰ってくるんだよ」とのエールを受けて、面会に出かける子どももいるようです。子どもも同居親の苦労を見ているのでしょう。子どものたくましさはあっぱれです。

「理屈なんてどうでもいいから、思い切り親に甘えていいんだよ。遠慮なんかするんじゃない。図々しくてもいい。その代わり真直ぐに大きくなりなさい。どう転んでも、君の両親は君にメロメロなんだから」。

これは調停委員から子どもへのエールです。

ここからは、逆の立場にいる別居親（主に父親）の言い分とその本音、面会交流を拒む同居親との争いの原因を書いてみましょう。

面会交流は離婚後の別居親と子どもの関係を新しく構築する場です。離婚をしてしまえば、婚姻中と同じ親子関係を継続するわけにはいきません。一緒にいることが当たり前の生活から、多くて月に一度、年に何度かの限られた時間でしか一緒にいれないのです。別居親はその貴重な時間をどう過ごしていいか戸惑うこともあるでしょう。

とにかく子どもに会いたい。どうしても会わせてくれ。別居親は、ときには、度を越して強面に面会交流を迫ってきたりします。

〔**別居親の言い分**〕

① 子どもの成長を見届けたい
② 子どもと楽しい時間を過ごして、良好な親子の関係を継続したい
③ 養育費を払っているのだから、当然子どもに会えるはずだ
④ 子どもに会うのは親の権利だ。どうして会わせないのだ
⑤ 子どもに会わせてくれないなら、養育費の支払いをストップする
⑥ 子どもに会わせないなら、親権者変更を申立てる

別居親の要求は徐々に感情的になっていきます。

このように別居親が面会交流を求めても、同居親が断るのはどうしてなのでしょうか。同居親の心の分析は前の部分でやりました。今度は別居親の心の分析です。

たぶん、同居親は、別居親の発言のどこかに、他意が隠れているのを感じるからなのではないでしょうか。では、その隠れた他意にはどんなものがあるのでしょうか。また、私なりの分析をしてみました。もちろん、すべての別居親の心の中にこれから書くような他意が隠されているというのではありません。同居親の杞憂に過ぎないことも多くあるのですが、それでも、同居親が面会交流実施を嫌がる理由を探してみましょう。

① 納得のいかない離婚に対する不満を、同居親が嫌がる面会交流を強要することによってリベンジしようとする気持ち

これは、家庭内暴力や子どもの虐待、または過度のギャンブルやアルコール依存症などで、家族を苦しめてきた親によくみられます。自分の有責性をどうしても認められない親で、何がなんでも、子どもに会わせろと強要しておきながら、責任をもって実施できるかどうか危ぶまれるケースです。こんな場合には、同居親の拒否は納得がいきます。

② 別居親が同居親の人間性およびその養育能力に対して不信感をもっている

この気持ちは、婚姻中にも強くもっていたのでしょう。安心して子どもを任せられないと、「チェック機能」としての面会交流を求めている親です。折あらば、苦情を申し入れたいという態度をみせますが、だからと言って、自分が代わって子どもを監護、養育することもできないとなりますと、同居親が面会交流を認めるのを嫌がる気持ちもわかります。

子どもも、会うたびに、現在の生活を根ほり葉ほり訊かれたあげく、「お前の親は、昔から困ったやつだった」など聞かされるようなことがあれば、面会交流は子どもにとっても苦痛そのものになってしまいます。

③ 面会交流を、元配偶者と「よりを戻す手段」として利用したい

別居親がまだ元配偶者に未練を残している場合です。面会中の子どもに根ほり葉ほり同居親の日常を聞き出そうとしたり、面会交流を理由に、親子の住む場所を直接訪れたり、同居親にしつこく電話をしたり、メールを送ったりします。将を射んとして馬を射るつもりでしょうが、子どもは馬ではないでしょう。

④ 面会交流を利用して、いずれは親権変更を申立てたい

子どもの養育の仕方や、住居の貧弱さや、経済的苦しさ、子どもがもらす生活の不満を理由に親権変更を家裁に申立てようと面会交流を利用する親です。同居親が嫌がるのももっともなこと

です。別れて住む子どもを不憫に思う気持ちはわからないでもありませんが、子どもの生活の貧しさや不満を、それ見たことかと舌なめずりして見ているような別居親の気配が、同居親にはたまらなく嫌なのでしょう。

⑤　嫌がる面会交流を強要して、養育費を諦めさせたい、または値下げを求めたい

これは面会交流と引き換えに、養育費を釣り上げたいと思う同居親の気持ちと根は同じです。あくまでも面会交流を拒否する同居親から「養育費などいりませんから、面会交流はあきらめて下さい」という言葉を引き出したいと考える親です。

離婚時にはもう新しい生活を始める予定がある親などは、子どもには会わなくてもいいから、養育費も払わないですませたいという打算に走る人もいるようです。まだ庇護を必要としている子どもを残して、「一人青春」している親の姿は、なにか軽率で、物悲しいものがあります。

以上五つの「同居親から嫌がられる理由」を書きました。ついでに、面会交流を要求する別居親自身がもつ問題点を書いてみます。それは、別居親の面会交流実施能力不足と長期展望の欠如です。

①　子どもからの反抗や拒絶を受ける覚悟のない親

子どもはあっという間に成長します。子どもが無条件に可愛いのは三歳まででしょう。親がいつまでも甘えていると、子どものほうが親を追い抜いて成長していきます。親自身に魅力がなければ、子どもからの反抗、面会拒絶は必至です。その反抗や拒絶を甘受する覚悟がないままに、のんべんだらりと面会交流が続けられると思うのはいかがなものでしょうか。自分が親として魅力のないことを棚に上げて、同居親が子どもをたきつけて、自分に反抗的な態度を取らせているのだと、同居親を責める親もいます。そんな親は子どもの真摯な目をしっかり受け止めて欲しいものです。

② 別居親の都合のいいやり方で面会交流を実施したい

子どもと約束しているのに、仕事などの理由で、面会交流をドタキャンする。これは別居親としてはもってのほかの行為ですが、その他には、面会交流中に高価な物を買い与える。同居親がやってあげられないような贅沢をさせてやることも気をつけなければならない行為でしょう。このようなことは、離れて暮らす親としてはせめてもの愛情の表現だと考えるのでしょうが、度が過ぎるとやはり子どもには苦しい面会になるようです。もちろん、生活苦と戦いながら子育てをしている同居親が、苦々しい思いを抱くのも当然です。

また、面会を求める親の中には、幼い子どもの世話が十分できない方が結構います。おむつの交換、排せつの援助、授乳、食事の世話、楽しい遊びのお付き合いなど、どう見ても無理そうな親が、幼い子どもを一日預かりたいとか、お泊りもさせたいなどと主張されても母親が承諾するはずはありません。離婚をしたからには、男女が納得して「共依存の生活」をしていたころの生活習慣から抜け出して、一人でもしっかり「親役」ができるよう成長することが求められます。そのための、「父親塾」などもできつつあるようです。

離婚をする際に問題になる二つの点、すなわち、妻の経済力のなさと夫の家事能力のなさは、昔からの日本の家族のありようを引きずっているものと考えられますが、現実的に見ても、夜遅くまで会社に居続ける夫が家事を学習する機会はほとんどないでしょう。せいぜい朝のごみ捨てか、休みの日に、妻の用意したリュックを子どもに背負わせて、公園で遊ばせるのが関の山でしょう。また、離婚後の女性が社会に出て、それなりの収入のある職に就ける機会もほとんどありません。シングルマザーの六六％が貧困家庭になっている事実がそれを物語っています。大げさに言えば、これが日本社会の経済構造です。その中で、「共依存」の結婚を棄てて、単身荒波に飛び込んだ親たちには、それなりの覚悟が必要です。

③　長期間にわたる面会交流の実施と再婚の問題

親が若ければ若いほど、双方の親とも、再婚という事態が起きてきます。もちろん、新しい人生に再度挑戦するのはおおいに祝福したいものです。ただ、前婚で生まれた子どもと新しい配偶者との関係、再婚で生まれる子どもとのバランスなど、大人の都合で再び別居親に会えなくなる子どもは、再び親を喪失するわけですから、再婚するときには、それなりの覚悟と配慮が必要になるでしょう。

「そのうち再婚するだろうから、会えなくなるまでの間、せいぜい楽しい親子の思い出をつくっておきたい」などと、自分のことしか考えない子どものような親がたまにはいるのです。

以上が離婚調停中に面会交流で争う夫婦の心の中を分析した結果です。

たしかに、離婚直後の元夫婦の心はそれぞれが「保身と非難」で一杯になっています。自分の立場を擁護し、相手の行為を非難することにより、やっと精神のバランスを取り、現実に向かって前進しているに違いありません。その気持ちが強いあいだは、面会交流を実施することは無理なのかもしれません。

そう考えると、少なくとも元配偶者に対しての評価が、「最低の人間」といった辛辣なものから、「配偶者としてはうまくいかなかったが、人間的には悪い人ではなかったかな」程度に変化した時点で、やっと面会交流が実施可能になるのでしょう。とすれば、面会交流の実施は、とりもなおさず、元夫婦の「人間としての和解」と、突然、片親家庭に取り残されてしまった子どもに対する「つぐないの気持ち」の表れと理解できないでしょうか。

ここでいちばん大切なのは、子どもの気持ちです。ただ、今までも何度も書いてきたことですので、繰り返すのは止めようと思いますが、小さな子どもたちの心の中を知るのは本当に難しいものです。ときには、「真に賢いのは子どものみ」と思うこともあります。

親が離婚するということ自体、小さな子どもには理解できないことでしょう。だからと言って、子どもに親の離婚を説明しないですませることはできるはずもありません。

次に、面会交流をめぐる事例を二つほど書こうと思います。

(7) 事件4　面会交流中止の調停

離婚時に合意した面会交流をやめたいという調停申立てがありました。

子どもは十一歳、小学校五年生でした。両親はそろって三十歳代後半で、二年ほど前に離婚し、離婚時に月一回の面会交流の約束ができていました。離婚の主な理由は夫のアルコール依存症だったようです。妻からの申立てでしたが、夫はアルコール依存症の治療を受けるという約束を盾に、頑として離婚を拒絶しました。しかし、妻の離婚の意志も強く、結局子どもに月一回面会するという条件で、離婚が成立しました。

それから二年が経っていました。子どもがどうしても父との面会を嫌がるようになった、というのが同居親の今回の調停申立ての理由でした。

第一回調停

その日、父親は無断で欠席をしました。父親が欠席では、話し合いはできません。でも母親が来てくれたので、申立ての理由だけでもくわしく聴こうということになりました。
母親の話によると、父親はその後アルコール依存症の治療を受けて一時良くなったようですが、なにかのきっかけで、また深酒をするようになり、今では、面会交流のときでも、子どもを連れて居酒屋へ行き、約束の二時間、ひたすら飲み続ける状態であるということでした。
その後、次回の期日を決めて、一回目の調停を終了させました。

第二回調停
その日、調停に出てきた父親は、部屋中が酒臭くなるような酩酊状態でした。
「酒なんか飲んじゃねえよ」と言いながら、ろれつの回らない状態で、「子どもに会えなくなったら、俺、死ぬよ」を繰り返しました。「あいつ（前妻）はね、俺んとこ殺したがってんだよ。俺は何が何でも子どもだけはあきらめないからね」。
その日はもうそれ以上の話はできませんでした。次回にはお酒を飲まずに来るよう約束してもらって、二回目の調停を終えました。

第三回調停
父親の母（子の祖母）がついてきました。彼女は六十歳を超えていましたが、現役で自営業を切り盛りし、何もかも心得ている、気持ちのしっかりした方でした。息子と同席し、調停室内で事情を聴いてもらうと、「わかりました。孫には可哀想なことをしてしまいました」と頭を下げると、「今日にでも、病院に入院させます」ということになりました。

父親とは、「お酒との縁が切れたら、子どもとの縁を復活させる」という約束で、しばらく面会交流は中止という合意になりました。

席上で泣きわめく父親の姿は、哀れという以外の何ものでもありませんでした。このケースでは、父方の祖母の尽力のお蔭で、長引かずに問題が解決し、面会交流のたびに居酒屋のすみで泥酔する父親の姿を見せつけられてきた子どもを救うことができました。それにしても、子どもは親を棄てることはできても、「親は幾つになっても、子を棄てることはできない」ということがよくわかりました。

次に書くのは、ある離婚調停成立時の一場面です。

(8) 事件5　面会交流を求めなかった離婚調停

夫婦は三十代に入ったばかりで、三歳の女児がいました。夫婦仲はかなり前から冷え切っていたようで、離婚理由は妻が勝気な性格で、これ以上一緒に生活できないという夫の申立てでした。しかし、本当の理由は夫に不貞の相手ができて、その女性と一刻も早く新しい家庭をつくりたいという願望があるようにうかがわれました。

妻は夫の不貞を確たる証拠をもって訴えてはいませんでした。すでに気持ちの整理がついていていたのでしょうか、他の女性に心を移してしまった夫を取り戻そうとがむしゃらになることはありませんでした。彼女は仕事をもって自立できていました。夫は異論なく親権を妻に譲り、面会交流も求めませんでした。一方、妻も「子どもは、もう父親のことは忘れていますから」と主張したため、面会交流は双方求めないということで、子をめぐる争いはありませんでした。

慰謝料を含めた意味合いもあってか、養育費をふつうより多く支払うことになり、財産分与もさほどの争いもなく、すんなり離婚成立となりました。

離婚成立当日

妻は家庭裁判所に子どもを連れてきました。そして、成立時には子どもも同席させて欲しいと申し出ました。その日は、いつも面倒を見てくれる人の都合がつかなくなったとの理由でした。なんとなく妻の忸怩たる思いが感じられないこともありませんでしたが、調停委員会で評議し、少し戸惑った夫の承諾をも得て、三歳の子どもを同席させて調停成立の儀式を行うことになりました。

先に夫に部屋に入ってもらい、隣の席に子どもが座り、その隣に妻が座る席を用意しました。

妻が子どもの手を引いて調停室に入ってきたときです。

子どもが「あ〜っ！　パパだ」と言うなり父親に走り寄ると、まともに顔を見ようともしない彼の膝によじ登りました。そして、入り口で立ちすくんでいる母親に向かって言いました。「ママ！　おいで。パパと一緒に座ろう。ママ早く」。そして、自分が座る予定だった椅子を指さしました。「三人一緒だね〜」とその子は繰り返しました。久しぶりに父と母と一緒にいれることが、どれほど嬉しかったのでしょうか。

成立の儀式は十分足らずですみました。母親は私たちに向かって、深々と頭を下げると、無言のまま子どもの手を引いて部屋を出て行きました。

裁判官も退席して、全て終了しましたのに、父親は下を向いたまま動こうともしません。「面会交流のこと、もう一度考えてみませんか」。余計なことですが、思わず声をかけてしまいました。「そうですね」と言って顔を上げた父親は涙を流していました。ついさっきまで「一人青春」を楽しんでいた父親が、この期になってやっと、これからの人生、背負いきれないような荷物を背負うことになったことに気がついたようです。

母親はこの儀式について、のちのち、子どもにどのように話して聞かせるのでしょうか。父親は今後どのようにして、この子との絆を保つのでしょうか。

調停の場を離れていった若い人たちの将来は、どんなときでも心がかりとして残るものです。では次に、離婚に必要な、金銭的清算、すなわち「財産分与」について書きましょう。面会交流に関しては、あまりにも長々と書きすぎたように思います。

（9）財産分与に関すること

離婚とは何ぞやと訊かれたとき、最初に「男女の別れ」などと答える方はまだまだ幸せが続きそうです。

まもなく離婚決行という方たちは、まず目の前に存在するものをどう分けるかを考えます。まずは子ども。それから不動産、車、家財道具、預貯金、払い続けてきた保険金、借金。そこから、熾烈な争いが始まります。

子どもの奪い合いは前に書きましたのでここでは省略します。ただ、繰り返して書きたいのは、誰が子どもの親権者になろうとも、子どもを育てる役割は、他人になった元夫婦に残された唯一の継続的共働作業であるということです。

それが決まりましたら、いよいよ動産、不動産の分配に移ります。

三十年も前ですと、財産分与という大げさな言葉は使わずに、家の経済を握っていた夫から、別れる妻に対して幾ばくかの金銭を分け与える、まさに分与といった形で行われたものです。お金を稼いできたのは「オトコの俺だ」的な考えは当然で、妻には「食べさせてもらっただけでもありがたく思え」と考える夫が大部分でした。妻の家事労働を金銭に換価した「賃金センサス」の表など一般人の目には触れることはありませんでしたから、働き手の夫は大威張りでした。別れていく妻に一円でも渡してなるものかと主張する夫に、せめて、「立ち上げ資金（扶養的財産分与）」として幾ばくかの一時金を分与してくださいと説得するのが、調停委員の仕事の一つでした。

「それほど貧乏でもなさそうなのに、妙にケチるな～」というのが、いつもの感想でしたが、何のかんのと言っても、死ぬまで自分に隷属するはずだった妻に見限られた夫としては、気前よく「立ち上げ資金」など分与したくなかったのでしょう。

時代が変わりました。今は「婚姻中に築いた財産は、夫婦共有の財産であり、離婚時には特別のことがないかぎりこれを折半する」という法律ができました。高収入の仕事に就き、共働きをしながら主婦業もしっかりやってきた妻、やたら収入の多かった夫、浪費癖のある妻をもった夫、ギャンブル狂の夫をもった妻など、立場が違えば、それなりの反論も出てきそうな大雑把さですが、一応原則二分の一です。あくまで原則ですが。

まず、最初の仕事は、手元にある財産が、「共有財産」か「特有財産」かの区別をすることです。結婚以前にそれぞれが持っていた財産、または婚姻中に親などの死亡で受け取った「遺産」、または「遺贈」、「贈与」などで受け取った財産は「特有財産」になります。これは分与の対象にはなりません。

では「共有財産」とは具体的にどのようなものなのでしょう。夫婦財産制度に関しては、学説上議論のあるところですので、断言ははばかれるのですが、実際調停の中では、次に書くように解されております。

すなわち、家も土地も、預貯金も、名義のいかんにかかわらず結婚後に二人で得たものであればすべて共有財産であると。

では、仕事で得た個人名義の収入で築かれた資産はどうでしょう。特殊技能、特殊能力で平均をはるかに超える収入がある場合は、すべてが共有財産にはならないと解されますが、これは人気芸能人、株取引の天才、少数のＩＴ企業家、著名な芸術家など、一般人と比べて何十倍もの収入のある方の場合です。また、自営業で得た利益から産み出された資産も共有財産と考えられます。残念ながら、私は人の何十倍もの高収入のある当事者にはついぞお目にかかれませんでした。

ということであれば、共有財産の折半は理屈上は簡単です。まず全ての共有財産を開示して、二で割ればいいのです。名義のいかんにかかわらずといいますから、結婚後つくった夫名義の預貯金通帳、妻名義の預貯金通帳、それぞれに掛けられた生命保険、子どもに掛けられている学資保険、株券等の証券類、金庫の中の金塊、結婚後購入した土地、居宅、車、それに付けられた残ローン。すっかり人気の落ちたゴルフ会員権。双方隠し持っているヘソクリもです。

双方の当事者が洗いざらいすんなりと全財産を開示してくれれば、問題はあっさり解決です。ところが、いざとなると開示したくない隠し財産が多くあります。

特に女性群は、この手の隠し財産は絶対と言っていいほど開示したがりません。その割には、夫に対しては開示していない貯金通帳や証券があるはずだと詰め寄ります。「それでは、お二人とも次回の調停時に、ご自分名義のすべての預貯金通帳をお持ちください。時間の節約のために、すべて一挙に開示してください」と申し上げますと、あっさり主張を取り下げるのは概して女性群です。

一方、文字どおり月給袋を封も切らずに渡してきた夫が、いざ離婚、財産分与となったとき、築かれているはずの資産があまりにも少ないことに呆然とすることがよくあります。結婚以来、妻を信頼しきって、何十年もの間、まったく家計のチェックなどしてこなかった方のようです。

ところで、主婦の手腕で作ったヘソクリは共有財産なのでしょうか、それとも特有財産なのでしょうか。先ほど書きましたとおり、たとえヘソクリでも、原則、共有財産であるはずです。しかし、家計のやり繰り上手なベテラン主婦の当事者にはなかなか納得していただけません。あるとき、数人の弁護士にヘソクリは財産分与の対象となるかをお尋ねしたことがありました。大半の弁護士は「そんなの財産分与の対象外ですよ」と太っ腹に答えられましたが、「五百万円も一千万円もヘソクリをつくる方もいますよ」と言ったら、ほとんどの弁護士の方たちは「う〜ん」と腕を組まれてしまいました。


ギャンブルの才能のある人が、自分の小遣いで稼いだ配当金等は誰のものか。負けてつくった借金に充当した家計費は誰が責任を負うのか。子どもに掛けた学資保険は今後どうするのか。まだもらっていない退職金は離婚時ではどう取り扱うのか。生命保険は。隠し金庫から出てきた金貨は。プラチナは。内緒で買った骨董品は。宝石類は。年金分割は。結婚する前に持っていた預貯金を生活費不足を補うために全部使ってしまった。これは返してもらえるのか。実家の親からの借金は。三十年ローンで購入した新居の残ローンはどうするのか。自家用車のローンは。新居と土地は売却するのか。それとも子どもと母親が続けて住める手立てはないのか。婚姻中一方の配偶者には十分な収入があったのに、それなりの婚姻費用分担金を負担してくれなかった。この清算はどうするのか。今まで使っていた電化製品は。嫁入り道具は。ペットは。一つ一つ決めていきます。

この作業は、後に書く「遺産分割調停」で行われる作業とよく似たものですので、重複を避けるため、今は簡単にすませます。「財産分与」と「遺産分割」は、いずれも分けるべき財産をいかに分けるかという作業ですが、大きな違いは、前者が間もなく他人になる男女による財産分割の話し合いで、後者は亡くなった肉親の残した財産を、残された肉親がいかに分割するかの話し合いという点です。

最後に書かなければならないことは、分けるべき共有財産もない状態で離婚しなければならない夫婦も多くいることです。

特に、何度も書きましたが、何の準備もしないまま、子どもが生まれ、借金にまみれ、その日その日を過ごすのが精一杯の若い夫婦の離婚調停は、ある意味さっぱりしていますが、ときには悲惨です。夫は概して非正規社員で、国民健康保険も国民年金にも加入していないことが多いので、自分の病気、老後どころか、子どもの養育費さえまともに支払えません。四か月に一度支払われる児童手当を夫婦で取り合うことも珍しくないのです。

また、家庭内暴力（ＤＶ）の夫から身を隠す母子も財産分与など言っている余裕などありません。そんなときは、これから始まる母子家庭の生活が何とか無事やっていけるようにと、そればかりに知恵を絞ることになります。

次は、慰謝料について書きましょう。

⑽　慰謝料に関すること

離婚に伴う慰謝料とは何でしょうか。

離婚にかぎらず、争っている人間の間では、「すみませんですむことじゃないでしょう」といった言葉がよく交わされます。

では、「すみませんですまない」ときにはどうすればいいのでしょうか。

一時「土下座しろ」が流行りました。実際、立派な大人が公衆の面前で土下座した映像がテレビで流されたこともあります。

調停室の中でも、よく「ごめんなさいではすまない」との言葉が聞かれます。「では、どうゆう形で謝罪して欲しいのですか」と聞きますと、「目の前で土下座して欲しい」と言われる方もいます。「では、土下座してもらえば、すべてを許してあげるのですか」とお聞きすると、たいていは「そうはいかない」と答えます。要するに、謝ることで自分の非を認めさせ、そのうえで、しっかり慰謝料を支払ってもらいましょうということらしいのです。当事者の一方が慰謝料を取りやすいように、調停室を利用して、その事実をつくりたいという虫のいい要求です。ちょっと素人っぽくないやり方ですが、きっと、わけがわからないほど腹を立てているのでしょう。

では、慰謝料を払うということは、どういうことなのでしょうか。ここで、少し考えてみたいと思います。

たとえば、仲良しの二人の少年がいます。一人が友人の大切にしていたおもちゃを壊したとします。①その少年はとても恐縮して「ごめんなさい」と謝ります。友人はもうさんざん遊んだおもちゃだし、たいして高価なものでもなかったので、「いいよ、気にしないで」と言って許してくれました。②でも、その少年はそれでは申し訳なさすぎると思って、同じおもちゃの新品を買って、友人に渡し、あらためて謝りました。

この①、②の謝罪の仕方は、日常でよく見聞きします。

ところが、この友人が①または②の謝罪を受けつけずに、③このおもちゃは、思い出がいっぱい詰まったものだから、いくら新品で弁償されても、そう簡単には許せない。「今まで持っていたものと同じもので、壊れる前のものを返して欲しい」と言って、けっして許してくれません。こうなると、ことが面倒になってきます。思い出という非常に個人的で感傷的なものを返して欲しということになりますと、この少年のみならず、たいていの方は途方に暮れてしまいます。

お金に換えて謝ることも、言葉を尽くして謝ることも受けつけてもらえません。そこで、切羽詰まった少年は、はたっと思いつくと「なんだよ！　おまえだって、この前、オレの自転車に乗って、電柱にぶつけてハンドル傷つけたろ。そんとき、オレ、いいよって勘弁してやったろ」と反撃に出ます。すると友人も「なんだよ、昔のこと持ち出して。今、オレのおもちゃ壊したのはおまえだろ。悪いのはおまえだろ。謝れよ」となり、「だから、さっきから謝ってるだろ。おまえ、少し人格ゆがんでいるよ」となると、友人はさらに腹を立てて、少年の持っている新品のおもちゃを奪うと、地面にたたきつけて、壊してしまいました。「あっ、オレのおもちゃ、よくも壊したな。新しかったんだぞ。おまえって本当に性格悪いよな」と、二人の少年は果てしない喧嘩を始めます。

この少年二人の喧嘩の発端は、少年が友人のおもちゃを壊したことにありました。少年は最初自分のやったことに対して、相手に謝罪しています。弁償もしようとしました。しかし、現実、友人の壊れたおもちゃは壊れたままです。友人が壊れたおもちゃは諦めて、新品のおもちゃを受け取り、それで仲直りができたら、二人とも、一生口も利かない仲にならないですんだかもしれません。しかし、友人にとっては、かけがえのないおもちゃだったのでしょう。どうしても、謝罪の気持ちを受け入れられないのです。

謝罪することと、その謝罪を受け入れること。そのタイミングは難しいものです。謝罪をしなければ人間関係は壊れます。謝罪されても、それを受け入れなければまた人間関係は壊れます。ましして、離婚の際の謝罪となりますと、実際は、「誰がおもちゃを壊したか」、それさえわからないところがあります。

実際、当事者双方が相手に対して、「謝れ。謝れ」ということが多いのです。「相手が謝ってくれたら、離婚しなくてもいい」と双方が言い続けたり、「慰謝料を払ってもらいたい」と双方同時に発したりします。

その結果、離婚調停の場では「慰謝料」の話で行き詰まってしまうことも多く、「慰謝料」が決まらないからいつまでも離婚できない、という不思議なことも起こりうるのです。

もっとも、離婚を成立させた後でも、二年間は財産分与、三年間は慰謝料請求の調停申立てはできますので、一刻も早く、離婚だけでも成立させたいという方は、経済的清算は後でもいいと考えます。生命にかかわるようなＤＶを振るう配偶者から身を隠す必要のある方などは、少しでも金銭が必要ですが、実際は子どもを抱え、何も持たずに離婚せざるを得ない場合も少なくありません。

むしろ、離婚できれば恵まれたほうかもしれません。居場所を知られたくない母子は、もとの生活の場から姿を消し、名前まで変えて息をひそめるようにして生活せざるをえない場合もあり、離婚調停の申立てさえできないのが大多数でしょう。また、たとえ、離婚できて、財産分与や慰謝料を請求する権利が生じたとしても、二年ないし三年以内にその申立てをすることなど到底できるはずもないのがふつうです。

さて、ここからは、実際の調停における慰謝料の話に移ります。

離婚調停での慰謝料請求には二つの形があります。比較的若い弁護士がつくった「中立書」には慰謝料として、①「離婚原因慰謝料」と②「離婚自体の慰謝料」が並列して書かれていることがよくあります。こんなとき、私のような不勉強な調停委員は頭を抱えてしまいます。

もっとも、このことに関しては、専門の先生が懇切丁寧に説明してくださいました。この二種類の慰謝料の分け方は、財産分与の中に慰謝料的要素を認めたうえで、条件が満たされると、別途不法行為としての慰謝料請求ができるという解釈を最高裁がしたことによるとのことです。そこで、素人の私なぞはかえってわからなくなってしまいますので、私なりの解釈を書くことにします。

まず、①の離婚原因を作った有責配偶者へ慰謝料を支払えという訴えは簡単に理解できます。しかし、②の離婚自体によって損害を受けたから慰謝料を支払えというところは、長年調停委員をしてきても、よくわからないのです。だいたい離婚という行為は、当事者双方にとってはけっして喜ばしいことではないはずですから、離婚することで損害を被るのは、双方同等のように思われるのです。いったい、一方だけ「離婚まる儲け」などがあるのでしょうか。

前にも書きましたが、離婚によってまず失われるものは、一般的に男性にとっては今まで当てにしてきた家事労働的分野です。そして女性にとっては経済的分野です。それだけではありません。双方の肉親、縁者にも、気まずい思いをさせることになりましょう。子がいればその子どもたちにも申し訳ないことをした、可哀想なことをした、親としての信頼をなくしたなどと、数え上げればきりがありません。しかし、それは双方同じように被る損失のように思われます。不貞相手といよいよ新婚生活が始まるぞ、とほくそ笑んでいる方も、いずれ支払うべきものが明らかになってくるはずです。

実際の調停の場でも、離婚自体の慰謝料を争うことに時間をついやすよりは、離婚で失われるものの均衡化をはかる手段として、財産分与や養育費の取り決めなどに集中するほうが実務的であると考えられます。経験的には、二種類の慰謝料を別々に決めた例があまりないことも踏まえて、ここではもう一方の「離婚原因を作った有責配偶者への慰謝料」について書いてみます。

明らかに有責とみなされる配偶者の行為は主に二つと考えられます。不貞と家庭内暴力です。

まず、不貞について。

不貞と離婚とは直結すると考えられがちですが、あながちそうともかぎらないということが、調停委員を長くやっているうちにわかりました。たとえ、不貞をはたらいた配偶者であっても、相手はさまざまな条件で、離婚の是非を考えることが多いようです。結婚そのものが完全に形骸化してしまった生活であっても、配偶者が高収入であれば、または社会的に認められた地位にあるならば、婚姻によって保障されている安穏な生活を離婚によって失うのは、いかにも惜しいと考える人もいます。不貞をはたらいた配偶者がいつか自分のもとに戻ってくるだろうと、何年も待つ覚悟の人もいます。子どもをどうしても片親家庭の子にしたくないと考えて、離婚を受け付けない人もいます。家計費さえ月々入れてくれれば、あとは何をしても気にしませんというという妻もいれば、毎日お茶漬けではつまらない、たまにはビフテキも食いたいものだとうそぶく夫もいます。

一夫一妻制は法律で決められてはいますが、絶対守らなければならないことかと問われれば、答えは「いいえ」でしょう。たとえ婚姻中でも、心が離れれば離婚も仕方がないことかもしれません。

男性社会であった昔は、男性の身勝手で、経済力のない女性が何の方策もなされぬまま離縁されることが多かったようです。それを防ぐために、以前から日本では、離婚は「有責主義」が取られてきました。しかし、徐々に「消極的破綻主義」から「積極的破綻主義」の傾向に向かうと、調停事件では有責配偶者からの申立ても珍しくなくなりました。

ただ、実際の調停事件になりますと、はなから自分が有責配偶者でございます、慰謝料は幾らでも払いますから、離婚させてくださいという方はほとんどおりません。最後の最後まで自分の有責性を隠したまま、相手方が配偶者としていかにいたらないかをめんめんと述べる方が多いのです。これは昔ながらの「有責主義」の考えが深く根ざしているからだけでなく、調停が不成立に終わったあとの、裁判離婚を視野に入れてのことなのでしょう。また、意地悪く考えれば、相手を責めることで、少しでも慰謝料を支払わないですませようとの気持ちがはたらいているのかもしれません。

相手方はたいてい配偶者の不貞は感づいていますので、いつの間にか自分が悪者に仕立てられて離婚を迫られているとわかると、もうどれほど慰謝料を払いますからと言っても、離婚の同意は取れなくなります。これは双方にとって深刻な不幸のもとになります。それは、先ほど書きました二人の少年の喧嘩と同じです。

次に典型的なケースを書いてみましょう。

⑾ 事件6 慰謝料と有責配偶者からの離婚調停

中立人 甲山一夫（四十歳）会社員
相手方 甲山花子（三六歳）主婦
子ども八歳 結婚十年 別居期間三年

これは有責配偶者の夫から申立てられた離婚調停です。今回で三度目の調停申立てで、別居してから三年がたっています。しかし、未成年の子がおりますし、妻も経済的に自立できておりませんから、なかなか裁判離婚はできません。

妻の主張は、「死ぬまで離婚はしません。慰謝料はたとえ国家予算に匹敵する額を提示されても、私の苦しみを慰める糧にはなりません」です。何度話し合いを重ねても、妻は能面のような表情で同じことを繰り返すばかりでした。

憎しみを生きる糧としている妻の姿には鬼気迫るものがありました。彼女の言葉のひとつひとつに、いいようのない絶望感、虚無感がただよっていて、同席している私たちの心を寒々とさせます。

二年前に申立てられた一度目の調停の後に、夫は、妻の主張、「まず家に戻るべきです。そのうえでしっかり離婚の話をするのがスジでしょう」を受け入れて、愛人との関係を解消し、一度は家に戻ったようです。しかし、帰ったとたん、朝から晩まで非難の言葉をあびせられ、夜も眠れない日々が続き、子どもに声をかけることも禁じられ、同じ食卓を囲むこともできず、不潔と言われ寝室からも追い出され、トイレの前の廊下で布団を敷いて寝ることになり、結局、何の話し合いもなく、再び家を出たということでした。これは夫自身の話ですから一〇〇%信じるわけにはいきませんが、いずれにしても似たような経過があったのでしょう。

それにしても、離婚の話し合いを前提に、同居を再開するということも、冷静に考えれば、まったく意味のないことだったように思われます。

そして、二度目の調停も不成立で終わり、今回が三度目の調停申立てです。

妻の心には夫への愛情などかけらもないようです。それ以上に妻の心を固くさせているのは、夫が一度別れたはずの愛人のもとに再び戻ってしまったということでした。要するに、夫はいちおう戻ってきたけれども、愛人と別れたというのはまったくの嘘で、二人が共謀して自分をだましたのだと言い続けました。「こんなふうに人をだます人間が、望みどおりに離婚ができて、愛人と新生活がもてるなんて、どう考えてもおかしいでしょう。これからのすべての人生を犠牲にしても、死ぬまで離婚だけはしません」。

ここで、二人の認識の違いがはっきりとしてきます。

夫は妻と再び結婚生活を立て直そうとして、家に戻ってきたのではないのです。離婚の話を始めるために、妻の言う「原状復帰」をしただけです。その「原状」とは家を出る前の状態ですから、夫にとってはすでに他の女性に心が移った状態をさすわけです。しかし、妻は夫が戻ってきたということで、婚姻生活が修復できたと理解しました。当然、妻は夫が平謝りに謝って、許しを請う態度に出ると期待していたのでしょう。しかし、期待はみごとに裏切られました。

妻は、まだ若いのに、化粧っ気もなく、髪も乱れていますし、身につけている衣服もけっして素敵とは言えません。この女性には、失われていくおのれの若さや子どもとの安寧な日々などはまったく価値のないもののようでした。

何とかしてこの地獄のような日常から抜け出せる手はないものかと思いを巡らしても、本人にはその気がありません。こんなときには専門のカウンセラーや精神科医の時間をかけた援助、肉親や友人の暖かい抱擁が本当に必要だと思われました。

結局、この三度目の調停も、妻が離婚に同意をしなかったことで不成立となり、また、①子どもがまだ小さいこと、②別居期間が短いこと、③経済的に自立できていない配偶者にとって離婚は過酷すぎるということで、離婚裁判を起こすこともできませんでした。

今後、ますます「破綻主義」の傾向が強くなり、実質的な婚姻生活の破綻が明らかであれば、どちら側からの申立てであれ離婚ができるということになるでしょう。そうなりますと、ここで書いたケースのような争いはなくなるはずです。とにかく離婚は成立させて、扶養的な財産分与や、養育費など、離婚することにより精神的にも、経済的にも損害を被る方に十分な配慮をした離婚条件を検討して、婚姻を終了させることになると思われます。

ただ、問題は、お金でどうにでもなる心と、お金ではどうにもならないもう一つの心が存在することでしょう。

「有責主義」にも「破綻主義」にも一長一短がありますが、個人的な意見を問われれば、女性にもっと精神的自立と経済力がつくようになれば、「積極的破綻主義」は当たり前になってくるのではないかと答えたいです。

次は家庭内暴力が絡んだ調停事件を書いてみます。

⑿　家庭内暴力に関すること

長い調停委員の現役時代にどれほど家庭内暴力にかかわる事件を担当したことでしょう。思い出してみますと、以前の家庭内暴力はあからさまでした。殴られたり蹴られたり、肋骨を折られたり、前歯の数本が欠けてしまったり、髪の毛をむしり取られたり、首を締められたり、衣服をはぎ取られて雪の中に放り出されたり。相手が自分より非力で、無抵抗であれば、何をしてもかまわないといった暴力でした。また、以前の女性たちはたとえ暴力を受けても、殴り返すなどとんでもないと教え込まれていたせいでしょうか。夫から暴力を加えられるのは、自分のほうにいたらぬところがあると考えて、その暴力を甘んじて受けていたようです。

「暴力を受けているあいだ、ご自身はどうなさっていたのですか」と、家庭内暴力を三十年以上受け続けてきたある妻に聞いたことがありました。

「とにかく、正座して、歯を食いしばって、殴られるまま、蹴られるまま、相手が気のすむのを待ちました」。

この女性は、もし夫の暴力に、へたに抵抗したり、逃げたりすれば、なおいっそうの被害を受けることになる、ということを経験的に知っていたのでしょう。

それにしても、ふつう、「暴力を加えれば、反撃を受ける」というのは全ての生物にとっての掟です。もし、相手がなんら反撃を企てないとわかれば、暴力を振るう側の残虐性は止めどなく増長していくのではないでしょうか。また、一度、暴力で相手をねじ伏せた成功体験は、二度三度と重ねていくうちに、歯止めがかからなくなるでしょう。あえて言わせていただけば、この「無抵抗」というのも、見方を変えれば、家庭内暴力をますます熾烈なものにしていく要因の一つなのかもしれないと思うのです。残念なことに、以前の女性たちは自分の身一つ守る手段さえも認めてもらえなかったのです。

また、以前の男性たちは、けっして暴力を振るったことを否定しませんでした。そのうえ、それが犯罪ともいえる忌むべき行為であるとは認めませんでした。暴力を振るうのは、男の勲章であるかのように、それは「教育的暴力」であり、一種の「しつけ」であると主張しました。今でも、子どもへの虐待をそのように説明する親がいます。

たしかに数のうえでは暴力を振るうのは圧倒的に男性です。ところが、実際の調停の場では、思いのほか夫のほうから妻の家庭内暴力を訴える声が聞こえてきます。ぼそぼそと妻の家庭内暴力を吐露できる場所は家庭裁判所の調停室だけのようです。それにしても、どうして男性は、女性の家庭内暴力に関して、口を閉ざすのでしょうか。男性はそれほど強くなければならないのでしょうか。

離婚調停事件の中でも、妻の暴力が恐ろしくて家に帰れないと訴える夫は少なくありませんでした。例を三つほどあげてみます。

【例1】

家に帰らないでどこで夜を過ごすかとの問いには、たいていの方が「車の中で寝泊まりしています」と答えます。ワンボックスカーのようなものであれば寝泊まりも可能なのでしょうか。「銭湯らしきものも探せばありますから」とのこと。家庭裁判所からの通知はどのようにして受け取ったかと訊けば、「誰もいないときをみはからって、郵便受けを見にいっています」。

【例2】

「夫の家庭内暴力」を理由とする離婚調停事件

妻は小柄で可愛らしい女性でした。「夫は気に入らないことがあると、首根っこを掴んで、私を外に放り出すのです」と訴えていました。

一方、夫は細身で長身の男性でした。どのような理由で小柄な妻を外に放り出すようなことをするのか訊いてみますと、「私は、自分からそのようなことはしたことはありません。暴力を振るうのは妻のほうです」とのこと。その体格の差で、それはおかしいのではと首をかしげますと、夫はやおら着ているシャツを脱いで上半身を見せました。彼の上半身は無残にも爪で引っかかれた跡でずたずたでした。「恥ずかしくて、今まで誰にも見せたことがありません」、「妻を外に出すのは、妻の身を守るためです。もし私が本気になって反撃したら、小柄な妻は多分ひとたまりもないでしょう。それが怖いので、気を沈めてもらうために外に出すのです」。

【例3】

「妻の家庭内暴力」を原因とする離婚調停事件

夫は気の弱そうなもの静かな男性でした。

訴えは、妻の言動が恐ろしくてこれ以上一緒に住むことはできないということでした。夫婦は結婚してまだ二年足らずで、一歳にならない子どもが一人おりました。妻はもともと、専門職に就いていたのですが、婚期を逃したとのことで、二人とも四十歳近くでの結婚でした。夫はもともと妻の部下であったとのこと。結婚後、間もなく子どもが生まれ、妻は退職して専業主婦となりました。

夫の言葉によりますと、妻は生まれた子どもにつきっきりで、家事を一切やらない。三食の準備から、掃除、洗濯、生活用品の買い出し、何もかも夫にまかせっきりで、それが思うようにならないと大声でどなり散らす。背中からバケツの水をかける、股間を蹴り上げるといったことをするということでした。

夫は妻よりも二時間早く起き、帰りは九時ごろになるのですが、帰宅するや、すぐに夕飯の準備にかかり、お風呂の掃除をして、家中の拭き掃除をしなければなりません。掃除の結果は妻が点検し、少しでもほこりが残っていると、子どもにとって不衛生だとの罵声が飛ぶとのこと。

とにかく、条件は何でものむから、離婚だけさせて欲しいとの申立てでした。妻はかなりハードルの高い条件を出しましたが、夫は全ての条件を受け入れて離婚成立となりました。

この離婚調停に関して、担当裁判官の言葉が印象的でした。私たち二人の調停委員は妻の夫への要求の強烈さに、少々辟易して、心情的に夫に同情をしておりましたが、裁判官が「夫が逃げ出したという点から見れば、夫の悪意の遺棄と考えられないこともありませんから」とおっしゃったことです。

もし、これが妻と夫の立場が逆だったらどうでしょうか。朝早くから家事をこなし、一日外で仕事をして、無収入の夫に代わって全収入を家計にまわし、帰ってからも家事に励み、あげく怒鳴られたり、けられたり、バケツの水をかけられたりするとの理由で女性からの離婚の申立てであれば、裁判官はけっして「悪意の遺棄」を持ち出したりはしなかったでしょう。

女性の家庭内暴力などはあるはずもないと思い込んでいる方があまりにも多いのに、ときには驚いてしまうことがあります。モラハラと呼ばれる家庭内暴力であれば、圧倒的に加害者は妻が多くなるのではないでしょうか。

たしかに、長い間、日本社会では力持ちの男性は好もしいものとして公認されてきました。しかし、このごろの男性は、幼いころから十分に優しくあるべきとの教育をほどこされ、すべての針を抜かれたハリネズミのような方も多くなりました。

婚姻生活の重さに耐えきれなくなり、ローンの残った家と子どもを残して、実家に逃げ帰ってしまった夫が、老両親に付き添われて離婚調停に初登場したのは二十年ほど前になりましょうか。夫側に付いた年配の弁護士は、とうとう最後までわけがわからないと首をかしげておられました。

中学生が集まるある場所で、学校で何がいちばん困るかと訊いたところ、ほとんどの男子が「女子がこわ〜い。一言いったら、もう百は返ってくるからね」と答えました。

たしかに、女性のたおやかさ、優しさ、従順さは男性の称賛の的になってきましたから、はるか昔から、女性自身は暴力を振るう代わりに言語能力に磨きをかけてきました。その結果、女性の暴力性はふだん人目につかない陰々とした形で内在してきたように思われます。その内在性が見逃せない危険をはらんでいるのもたしかです。

イギリス人の書いたノンフィクション小説の中で、夫の家庭内暴力を裁判で訴える妻に対して、裁判官が「妻からの evoke はなかったのか」と訊いています。evoke とは、「挑発」です。要するに妻の言葉で、夫が挑発され、その結果暴力を振るったのではないかということです。アメリカ人もよく evoke という言葉を使います。

危険なのは「無意識の挑発」でしょう。気がつかないうちに暴力を誘発させてしまうとしたら、本人は暴力を受けることなど想定していませんから、肉体的にも精神的にも被害が大きくなります。もちろん、ここでは、挑発を受けたから、暴力を振るっても許されると言っているのではありません。

どんな人たちでも、一緒にときを過ごす間柄であれば、夫婦であれ、恋人であれ、親子であれ、ただの友人、知人であっても、何か不愉快な思いをさせられるときがあります。相手に不愉快な思いをさせないように、やたら迎合するように相槌をうったり、愛想笑いをしたりする人に対し、心から嫌悪を感ずる人もいるでしょう。逆に、そのような態度を好ましいと喜ぶ人もいるはずです。

何が相手を不愉快にするかは、二人の個性と関係によって違ってくるようです。暴力の被害者が、加害者のご機嫌を取ろうとすること自体が、「挑発」そのものになっているかもしれないですし、逆に、加害者が自責の念にかられて平謝りに謝ったときに、心ならずも許してしまう被害者の優しさや弱さも、次の暴力の種を植え付けることになるかもしれません。これが繰り返されれば、暴力を受ける側にも振るう側にも逃道はなくなります。

日本では家庭内暴力に対して「挑発」という言葉は禁句です。「無意識の挑発」ということさえも使ってはいけない言葉のようです。

しかし、家庭内暴力を話すときには、原因と結果をきっちりと区別するのが問題解決の第一のように考えます。暴力を振るったという結果は厳しく非難されなければなりません。しかし、何がその人をそれほどの暴力を振るうことに追いやったか、そこはしっかりと見極めなければならないと思うのです。

まったくなんの理由もなく、突然暴れ出し、妻や子どもにまで怪我を負わせるような人間は、健康な普通人ではありません。単なる性悪人間と考えるのも甘すぎでしょう。何らかの精神的脆弱性をもった人です。これは偏見でも差別でもありません。そうであれば然るべき対処療法を施さなければ、本人も周囲の人間も永遠に救われません。誰かが手を差しのべてやらなければなりません。ただし、その治療は配偶者にはけっしてできないということも、忘れていけないことでしょう。配偶者や子どもたちは、暴力を振るう人間にはけっして近づかないことです。配偶者の中には「わたしなら助けてあげられる」と、つい手を差しのべる方がいます。そのためさらなる被害を受け、双方が蟻地獄のようなところに落ちていくことがよくあります。

もう一方の「悪意のある、意識的な挑発」に関しては、それを発するほうと、それに過激に反応するほうと、双方にカウンセリングや治療が必要でしょう。

「生かす殺す」と大騒ぎをし、お互いの憎しみをぶつけ合いながらも、なかなか離れようとしない夫婦がいることも不思議です。二人にとっては暴力行為そのものが一種の性的戯事なのかと思われることさえあります。

そこで、私は人のもつ「暴力性」をもっと正面から、性的バイヤスのかからない目でしっかり捉えなければならないと考えます。また、家庭内暴力の犠牲者は決まって女性というステレオタイプの考え方も変えないかぎり、この問題はいっこうに解決しないのではないかとも思います。繰り返し、繰り返し、周期的に、ものに憑かれたように暴力を振るう人間の真の怖さは、誰もがしっかりと知っておかなければなりません。

また、一度だけ手をあげた暴力から、相手が救急車で病院に運ばれるほどの熾烈な暴力までを、何もかも一律同等の「家庭内暴力」と決めつけてしまうことにも疑問を感じます。そして、その「暴力」から被害者を隔離することだけで事足りとする対処の仕方も、あまりにも安易過ぎると思うのです。

専門の心理学者、精神医療関係者、カウンセラー、児童相談所の職員、ソーシャルワーカー、家庭裁判所の調査官、警察関係者等が協力し合って、「家庭内暴力」にひそむ深刻な危険性を認識し合い、その危険行為が理性を超えて行われてしまう精神的、病理的、心理的構造を多方面から究明し、その成果を醸成させ、共有し合って、官民あわせて広範囲な被害者および加害者救済システムをつくっていかなければと思うのです。

次に調停室での一つの出来事を書きましょう。

離婚調停の場に、四歳の子どもを連れてきた母親がおりました。調停中に子どもがぐずりだしたとたん、その母親は、表情一つ変えずに、子どもが調停室の壁に頭をぶつけるほどの勢いで、蹴り飛ばしたことがありました。その子が「ごめんなさい」と泣きじゃくりながら怯えて謝る姿には、その子の将来の姿が透けて見えるようでした。

この母親の申立てた離婚の理由は「夫の暴力とギャンブル」でした。そして、親権は自分が取りたいと主張していたのです。

一度、家庭内に暴力が蔓延してしまうと、父も母も子も、全てが暴力を抑制する力を失い、加害者も被害者もその区別がなくなってしまうのかもしれません。

父親や母親がこのようなことを家庭内で繰り返していても、誰も気がつかなければ、大事にいたるまで見過ごされてしまうのが通常です。外部の人間に気づかれない暴力、口に出されない暴力、家庭という密室で繰り返し行われる家庭内暴力の底の深さ、真の恐ろしさには計りしれないものがあります。


まえおきが長くなりました。

それでは、「家庭内暴力」を原因とする離婚調停を書き始めましょう。

⒀ 事件7 家庭内暴力を原因とする離婚調停 No.1

申立人　家庭の主婦（三十歳）結婚三年目　子どもなし

中立理由　夫の暴力

相手方　会社員（三二歳）

第一回調停

申立人の妻は少しやつれて、ひっそりとした感じで調停室に入ってきました。張りのない声で、少しゆっくりとした口調で話した内容は、とにかく夫の暴力が恐ろしくて、これ以上一緒に住むことはできないということでした。夫はたやすく離婚には応じてくれないだろうが、最後の頼みとして「家庭裁判所」にやってきたとのこと。今までも、調停外の場所で、何度も離婚の話を繰り返してきたようです。

「ひどい暴力を受けたあと、離婚の話をしだすと、夫は急に優しくなるんです。でも、離婚の話がなくなったとたん、また暴力を振るい始めます。その繰り返しで、いよいよ今度こそはと思って家裁に来ました」。

申立人の妻は一点を見詰めるようにして、かぼそい声で話し続けました。気になったのは、妻がまだ夫と同じ家に住んでいるということでした。

一方、夫は、「そんなひどい暴力など振るったことはないです。もし、妻に恐ろしいと思われるほどのことであったら、謝りたい。離婚などと言わずに、俺の謝罪を聞き入れてくれるよう、調停委員から話してくれませんか」と、繰り返すばかりです。その姿は、ひたすらわが非を詫び、妻の帰りを待つ、小心で善良な夫そのものでした。両手を机について頭を下げ、へたをすれば土下座も辞さないようすです。

この弱々しい男性が妻の言うような暴力を振るうのであろうか。夫の懇願を聴いているうちに、いつの間にか、こちらの気持ちが夫の言葉に傾くようになっていました。これが、例の家庭内暴力の加害者の特徴そっくりだと、警戒する気持ちは十分あったはずなのですが、調停委員になりたての経験の浅い私は、彼の言葉にすっかり操作されていました。

相方の調停委員と裁判官と評議の結果、申立人に夫の言葉を伝えました。そして、とにかく、相手方から離婚の同意を得ることは難しいので、即不成立として、離婚裁判を起こすか、それができないなら、今日にでも家を出る方策を考えるようにと伝えました。

妻は今すぐ家を出るわけにはいかない。持ち出したいものもあるし、裁判を起こすには経済的なこともある、と言って決心がつかないようでした。しかし、今回は、家庭裁判所という公的な場所を使っての、正式な離婚の申し入れですから、夫が家に帰ってどんな反応を示すか心配でした。とにかく、このままでは、取り返しのつかないことになると思われ、次回の調停日までには、すべて実行に移せるように決心してくるという約束で、ふつうよりは期日間を短くして三週間後に次回の調停日を決めました。

第二回調停

マスクをつけたまま調停室に入ってきた申立人の姿に、私たちは言葉を失っていました。ほんの三週間の間に、申立人はまるで別人のように変わり果てていました。マスクを外すと、前歯が二本欠けていました。

［申立人の話］

家に帰った後、一週間は何事もなく過ぎました。ところが、間もなくいつものようにイライラするようすを見せたと思ったとたん、息もつけないような暴力に襲われました。顔を拳で何度も殴られ、途中から気を失ってしまいましたが、しばらくして気がつくと、すぐに家を飛び出し、近くの歯科医院に飛び込み、治療してもらいました。その歯科医が協力してくれて、警察に連絡し、診断書も書いてくれ、そのまま知人の家に置いてもらうことになりました。

今は、診断書も手元にあるし、逃れる場所も確保できているので、今日、相手が出てきたら、きっちりと離婚の話を決めたいと思っています。もし、離婚が成立しなければ、すぐに裁判を起こすつもりです。

ところが、その日相手方は裁判所に出てきませんでした。このままで、不成立から裁判となれば、中立人には経済的にも、精神的にもかなりの負荷がかかりそうです。そこで、何とか調停で離婚を成立させたいと考え、書記官から相手方に出頭をうながす書面を郵送してもらい、もう一度、期日を設けました。

間をおけば、いつものように、またもとに戻ってしまうことも考えられるので、次回期日はたたみ込むようにして一週間後に入れました。

第三回調停

中立人を調停室のある階とは別の階の部屋を待合室として待機してもらい、夫の出頭を待ちました。

二十分ほど遅れて出てきた夫は、一回目の調停のときとはうって変わって、のらりくらりと、核心をはぐらかすような態度を取り続けました。

こんなときこそ、裁判官の出番です。

「このままでは、裁判になり、双方にとって経済的にも、精神的にも時間的にも、かなり大変なことになると思われます。得られる結果が同じであれば、調停で成立させたほうがよろしいのではないでしょうか」との裁判官の説得で、相手方はしぶしぶ離婚を受け入れました。

私たち調停委員からは、裁判の結果を示唆するような発言はできません。いくら結果が明白であっても、裁判と調停とはまったく別分野ですから、調停委員が軽々と裁判の結果を予測するようなことを口にすることはできないのです。でも、あまりにも、明々白々のときには、お忙しい裁判官は例外的に、「その旨調停委員から伝えてください」とおっしゃることもありますが。

結局、慰謝料として支払われる金額は、家庭内暴力という事実がありながら、結婚三年という短期間ということもあってか、思いのほか少ないものでした。この結果は、中立人自身の「慰謝料なんてどうでもいいです。一刻も早く離婚させてください」という言葉も影響していました。慰謝料は今後、三年間いつでも請求できるから、急がなくともいいのではないかと申し上げましたが、これ以上相手方とかかわりをもちたくないという申立人のたっての希望で、あまり争わずに成立させてしまいました。

殴られっぱなしの三年間の婚姻生活はなんだったのでしょうか。申立人の二七歳から三十歳までの女性としての充実期へ向かう入り口で受けた苦痛と恐怖が、ほんの少しの慰謝料で帳消しになってしまうとしたら、彼女はどうやって立ち直るのだろうかと、釈然としない思いがありましたが、「これで、やっと地獄から出られました」という彼女の笑顔が、ほんの少しの救いになりました。

もちろん、これで全てが解決したわけではありません。彼女は一生元夫に遭遇しないよう、いつも警戒しながら生きていかなくてはならないでしょう。そして、元夫が調停の初日に見せた、あの誠実で優しげな外見に騙されて、彼と結婚する女性がまた出てこないともかぎらないのです。

実際、一度目の離婚も二度目の離婚も家庭内暴力が原因であったという男性の三番目の妻が家庭内暴力を理由に離婚を申立てたという事件を受けもったこともあります。

被害者救済は大切ですが、それ以上に、加害者への治療、カウンセリング、コミュニケーション教育などに真剣に取り組まなければ、不幸は何度も何度も繰り返されるおそれがあります。

⒁ 事件8 家庭内暴力を原因とする離婚調停 No.2

申立人　家庭の主婦　（三八歳）
現在子ども二人を連れて別居中。現住所は秘匿。
結婚一二年　子ども　長男（十歳）　長女（五歳）
離婚理由　夫の暴力
相手方　会社経営者　（四十歳）

第一回調停
中立人は精悍な雰囲気をもった、すらりとした女性でした。調停室に入るや、彼女は携帯の写真を開いて見せてくれました。そこには、現在の顔が想像できないほど、内出血で顔半分が紫色に染まり、片方の目が腫れ上がって潰れたままの顔が映っていました。
「これだけではありません」。彼女は次々と写真を開けて見せてくれました。
彼女が夫の性的要求に応えないと、「浮気をしているだろう」と言って暴力を振るうとのことでした。

［申立人の話］

夫とは学生時代、同じスポーツ部に入っていて、先輩、後輩の仲でした。卒業後、たまたま出会うことがあり、それから付き合いが始まり、結婚しました。新婚時代は、同じスポーツを一緒に楽しんだりしていましたが、県の大会で、自分が優勝し、夫がいい成績を収められなかったころから、夫婦の仲がギクシャクし始めました。それまでは、学生時代の先輩、後輩の関係のまま、夫婦関係も夫の言うことは絶対でした。

ところが夫の絶対的地位が怪しくなってきたころから、夫は申立人の不貞を疑いだし、執拗に暴力を振るうようになったとのことです。

「浮気などしていない」と反論すると、「浮気をしているかどうか、俺が調べてやる」と言って、身ぐるみはがされて体の隅々まで調べられました。それを嫌がって、逃げ回る姿を見て、長男がかばうようすを見せたとたん、暴力の矛先が長男にも向うようになりました。

もともと、夫の父親も自分の妻に何かといっては暴力を振るう人でしたが、まさか、自分の夫が私だけでなく、子どもにまで暴力を振るう人とは思ってもいませんでした。暴力は父から子へ、子から孫へと伝わっていくのかと思うと、もう心配で仕方がありません。

そのうち、申立人がいちばん恐れていたことが起きました。父親に暴力を振るわれ続けた長男が、クラスの同級生にカッターナイフで切りつけるという事件が起きたのです。幸い相手の子どもに怪我はなかったのですが、申立人にとっては、恐れていたことがいよいよ現実になったと大変な打撃でした。ところが、夫は、「男の子が少しばかり、やんちゃをしたからといって、大騒ぎすることはないだろう」と学校に怒鳴り込んだとのことです。

申立人は、もうこれで限界だと感じて、子ども二人を連れて県外のある施設に逃げ込みました。息子は父親から離れて生活するようになってから、かなり落ち着いてきました。家の中でも、以前は父親から暴力を受けたはらいせに、よく妹に暴力を振るいましたが、それもなくなりました。それでも、時々父親の夢を見るようで、夜中にうなされて飛び起きては、大泣きをし、今でもオネショをするとのことです。

当事者双方に、弁護士さんが付いていました。二人の弁護士さんはまだ若くて、子どもの虐待等に関心の深い方たちでしたので、調停を進行させるうえで、本当に助かりました。

［相手方の話］

妻は浮気をしていたうえに、子ども二人を連れて家を出ていってしまいました。今ごろは、浮気の相手と一緒に生活しているに違いないです。何が何でも連れ戻したいが、それがだめなら、せめて子ども二人は自分が引き取りたい。自分の子どもが、他の男と一緒に住み、養われていると思うと、悔しくて夜も眠れません。とにかく、まず、第一歩として、子ども二人に会わせてください。子ども二人に会って、これからどうしたいか本人の口から直に聴きたいです。

とにかく、「子どもに会わせろ」の一点張りです。

ここで弁護士二人に調停室に入っていただき、今後の話し合いの方針を相談しました。母親は、子どもが父親に会うことなどできるはずがないと主張しました。今でも父親を思い出すと夜中にうなされるほど痛めつけられた長男に、そんな辛いことはさせられないという言葉は真剣でした。ただ、母親の言葉によると、父親はどういうわけか、下の女の子には一度も手を上げたこともなく、とても可愛がっていたとのことです。また、子どものほうも、じっさい父親から暴力を受けたわけではないので、長男ほど父親を恐れる気持ちはないようだと話してくれました。

この話を聴いて、相手方の弁護士の方が、「それでは、下のお嬢さんだけでも、父親に会わせてもらえませんか。場所は私の事務所を使ってください。私が責任をもって、お嬢さんの身の安全は守りますから」と申し出てくれました。それを聞いた中立人の弁護士さんが、「わかりました。それでは、私もその場に同席します」ということで、とにかく下の子どもだけ、父親と面会交流をする話がとんとん拍子に進みました。

これは、長い現役時代の中でたった一回、双方の弁護士さんのお力で、実施不可能と思われた面会交流が実現した例です。この面会交流がきっかけで、父親は子ども二人の親権者になることを諦め、それなりの養育費を支払うことで、離婚が成立しました。

親子の住所は夫に知られないよう、裁判所も弁護士のお二人も、それはそれは、気を使いました。養育費の支払い先も、当分の間、相手方弁護士の口座を使わせてもらうことになりました。最後になりましたが、慰謝料の件です。相手方は頑として慰謝料の話は受け付けませんでした。そして、離婚の原因は妻の不貞にあると、最後まで主張を曲げませんでした。

それを聞いた申立人の言葉が、印象的でした。

「わかりました。でも慰謝料は絶対あきらめません。私と息子の被った苦痛の代償がゼロであるはずはないと思います。でも、今はここまでで精一杯です。でも、これからの三年のうちに、必ず立ち直って、慰謝料請求の訴えをします。絶対あきらめません。昨日までは、私の人生で最低の日々でした。でも、今日で底を打ちました。これ以上落ちることはありません。今日からは子どもたちと一緒に上を目指して頑張るだけです」。

みごとな立ち直り宣言でした。


離婚調停でのさまざまな決めごとの最初の一つ、親権者決定から始まって、面会交流、家庭内暴力、慰謝料の争いまで、ずいぶん長々と書いてしまいました。でも、これらはほんの一部にすぎません。

一つの事件を思い出しますと、まるでその事件が呼び水になるように、次から次へと二十年、三十年前の事件が姿を現します。すべての記録は破棄され、焼却されたのですが、古い映画のフィルムから映し出されるセピア色の物語のように、離婚問題で苦悩していた方たちが、私の頭の中で動き始めます。

四年前の退任時、すべての事件を終了させて思ったことは、もう二度と調停でご一緒した方たちを思い出すことはないだろう、ましてお会いすることなどありえないということでした。じっさい、調停で担当した当事者たちとは、たとえ街の中で偶然お会いしても、けっして挨拶などしてはいけないことがルールです。

しかし、かなり形を変えてはありますが、こうして文字にしてみますと、すべての事件が、まるで、昨日のことのように思い出されます。あのときの、あの事件の、あの方たちと思いがけず再会しているという想いです。

当事者の方たちは調停の中で、多分、人生の中で最も過酷な思いを経験していたに違いありません。納得のいかない調停の結果を受け入れるしかなかったかもしれません。

あのとき、最悪の時間を耐え忍びながら、新しい人生に再度挑戦した方たちの勇気と決断とをたたえ、今、改めて、あの方たちの幸せを祈らずにはおれません。

さて、次は家庭裁判所のもう一つの大きな調停である遺産分割調停について書きましょう。

調停委員になり、離婚調停事件を数件担当して間もなく、遺産分割調停事件を担当するようになりました。

離婚調停は、当事者の複雑な気持ちを斟酌しながら、神経を張りつめて、当事者の言葉のひと言も聴き逃さないよう、こちらから発する言葉もひと言、ひと言、十分に気を配りながら調停を進めなければなりません。調停委員のなにげないひと言が、当事者の傷口に塩をぬるようなことになりますと、その後の話し合いが順調にいかなくなります。

それは、遺産分割調停も同じことで、当事者と調停委員の心が通じ合い、一つの言葉を当事者も調停委員も「同じ意味で理解する」ことができるようにならなければ、調停は順調に進まないものです。

離婚そのものに関する法律はさほど複雑ではありません。でも、離婚の理由、原因はさまざまです。また、離婚は当事者二人だけの問題ではありません。子どもを巻き添えにします。幼い子どもがいるかぎり、たとえ離婚したとはいえ、元夫婦は子どもの養育に関して十年も十五年も協力していかなければなりません。

どちらかが死亡したときは、離婚した元配偶者には何の権利も残されませんが、子は、たとえ何十年も前に生き別れになったままであっても、当然、遺産相続の相続人となります。

家庭内暴力が原因で離婚しても、その暴力から逃れ、一〇〇%安全圏の中で生活できる可能性は絶対ではありません。離婚後の生活苦なども含めて、実家の親、兄弟姉妹をも巻き込むこともあるでしょうし、社会福祉に頼らなければならない部分もたくさん出てきます。要するに、離婚はその場かぎりではない問題が多く残されることになります。

一方、遺産分割の場合は、分割が完了してしまえば、それで一件落着といった期待がもてます。もちろん、個々の当事者の心の中には納得できない部分も残るかもしれません。しかし、被相続人の遺産が、全ての条件を満たし、法的に平等と思われる方法で分割されれば、それ以上紛争が残らないものと割り切ることが求められます。また、私のような素人の目から見ても、相続に関する法律はかなり細部にいたるまでしっかり作られているように思われます。

たまには、「遺産分割後の紛争」といったかたちで、家庭裁判所に解決を持ち込まれることがありますが、それはけっして多くありません。

離婚調停では、当事者同士の争点がなかなか明確にならずに、最初から目指す方向が逆で、かみ合わない話が延々と続くことも珍しくありません。

その点、遺産分割調停は、当事者すべてが同じ方向を見ています。

ただ、たまには、遺産を永久に分割しなくてもいいと主張する方がいます。調停では、相続人の一人でも合意を拒否しますと、調停は成立しません。こんなとき、よくよく話を聴いてみると、お金よりも感情的なものが足かせとなっていることが多いようです。それは、離婚時の心理的葛藤などよりも、もっともっと根深いところにある「心の闇」、または積もりつもった「憎しみ」や、代々受け継がれてきた「怨念」のようなもののようです。

「骨肉相食む」という言葉があります。まさにその言葉どおりの争いをくりひろげる相続人たちの心の深部にあるものは何かと考えてみますと、それはたいてい、生まれたときから受けた親の愛情に対する不満であるということが多いとわかってきます。では、それはどんな形で出てくるのでしょうか。一般的な遺産分割調停を書き始める前に、二つほどの例を簡単に書いてみます。

(1) 例1 被相続人の長男とその娘が激しく争ったケース

被相続人は、八十歳過ぎの女性で、配偶者はすでに亡くなり、相続人は息子一人（六十代）、娘二人（五十代と三十代）でした。遺産は田舎にある築五十年の家、宅地、少々の田畑です。相続人の五十代の娘は早々に相続放棄をしました。彼女の言い分は、代々の家は長男が継ぐものだということです。相続人である長男も、じっさいその家に住む予定はないようでしたが、昔ながらのしきたりで、二人の妹にはそれなりの「ハンコ代」といわれるお金を渡して、自分が相続するのは当然であろうと覚悟を決めていたようです。ところが三十代の次女がどうしてもその案に同意しようとしません。

最初、どうして次女がこれほどまで頑なに兄が不動産を相続するのに反対するのか、理解できませんでした。次女は都会に住んでいます。自分がその家に住むことなど不可能なことは明らかです。かなり過疎地の朽ち果てるばかりの古家と幾ばくかの田畑は、遺産価値としては無に等しいものでした。しかし、次女の拒絶は石のように固いのです。

だんだん話を聴いていくうちに、このわけが少しずつわかってきました。

この三十歳も年の離れた被相続人の次女は、じつは被相続人の長男の実子でした。長男は二五年前に、いわゆる嫁姑の仲がこじれて、妻と娘を連れて実家から出ようとしました。その実家が今回の遺産になっているのです。

ところが、引っ越しの際に、被相続人は孫にあたる長男の娘を抱きかかえて、どうしても離さなかったそうです。その後、毎晩のように実家に出向き、娘を返して欲しいと懇願する長男夫婦を尻目に、被相続人は子どもを返して欲しかったら家に戻って来いと迫りました。そうこうしているうちに、長男夫婦には二番目の娘が生まれました。気がつくと、いつの間にか彼らの長女は被相続人の次女として養子になっていました。ここまでは長男の話です。

いっぽう、被相続人の次女となった長男の娘の話はまったく違います。実の両親は祖母と同居したくないばっかりに、実の娘の自分を人身御供のように差し出して、次女と三人で実家を出てしまったのだと言い張ります。実の親が専門学校を卒業するまでのすべての生活費を内緒で払ってくれていたという事実を知らされても、彼女の心はびくとも動きません。両親は自分を棄てて、次女との安穏な生活を選んだという怨念のようなものが巣食っていました。

このままでは「審判」に移行して、双方の利益になるものは少ないから、父親からの提案を受けませんかとアドバイスしたものの、「絶対嫌です。最高裁までいっても戦い続けます。どんなことがあってもあの家はあの人には渡せませんせん」と言った言葉は、最後まで変わりませんでした。

(2) 例2 幼くして親と生別した子の争い

このケースも、被相続人は九十歳近い男性でした。配偶者はすでに亡く、相続人は三人。少し変わった点は、一番上の相続人が前婚で生まれた子ども（六十歳代の女性）で、もの心つく前に両親の離婚により、父の再婚で生まれた二人の兄弟たち（いずれも六十歳代）とは、まったく面識もなく、その存在さえも知られていなかったことです。父親の死亡によって、初めてお互いの存在が明らかになったわけですから、双方のショックはかなりのものだったに違いありません。

調停が始まる前から、双方の間にはギクシャクとした空気が流れていました。

二人の息子たちは「生まれたばかりで、別れたまま。音沙汰もなく、親孝行などしたこともない人間が突然現れて、自分たちと同じ権利を主張するのは理不尽ですよ。少しばかりの遺産があるのも、先に亡くなった俺たちの母親の苦労と、俺たち子どもの尽力があったお蔭でしょう」と主張しました。

一方の長女は涙ながらに心情を語りました。「自分と母親が婚家を追い出され（当人の表現です）、「てなしご」（＝父無し子）とさげすまれて、どれほどの辛苦をなめて生きてきたか、父親の庇護のもとに育った二人にはわかるはずもありません。彼らは父親から愛情という金銭に替えがたい財産をすでに貰っているではないですか。その愛情をまったく貰えなかった自分が、あの二人の貰い分と同じしか貰えないのは理不尽です」。

三人の相続人たちには、特に寄与分とか、特別受益があるといった事情もないようでした（ちなみに、寄与分、特別受益に関しては、後述いたします）。となりますと、三人の相続人で遺産を三等分することが当然の帰結となるはずでした。

ところが、長女のほうがどうしてもそれでは納得がいかないと主張するのです。二度目の調停日にも同じ主張を繰り返すばかりです。私たち調停委員は双方の心情がよく理解できるだけに、さて、どうしたものかと悩みました。

調停が終わり近くなったときに、「実は今日、東京に住む息子が一緒に来ております。彼がどうしてもお話したいことがあるといっておりますので、聴いてやっていただけませんか」と言いだしました。原則、当事者以外の方からは特別のことがないかぎり調停室に入ってもらうことはできないと申しましたら、「息子はけっして話のわからない人間ではありません」と主張します。そこで裁判官と評議をし、例外的に息子さん一人に調停室に入っていただくことにしました。

調停室に入ってきた息子さんは礼儀正しい、清々しい方でした。いただいた名刺にはなんと

「弁護士」と書かれてありました。ちょっと意外でしたが、彼の話を聴くうちに、それなりの事情が呑み込めてきました。

「母親がこの場で、どれほど理不尽な要求をしているか、充分わかっております。それを承知でお願いなのですが、今日のところは母親の話を十分に聴いてやってくださいませんか。次回の調停日までには、私が責任をもって母親に遺産分割の決まりを納得させます。あの人は誰かに聴いて欲しいのです。私も散々聴かされて育ちました。父親からの愛情を貰えないで育った人間がどんな気持ちで大きくなるか、母は皆さんにわかって欲しいだけなのです」。

三回目の調停日に、三人均等に遺産を分割するという案で、無事遺産分割調停は成立しました。あれほど不満を述べていた長女の方は、調停後に「これで、やっと私も父親の娘だったということが認められたのですね」と、晴れやかに述べておられました。

以上、親の愛情が原因になっている特徴的なケースを紹介しました。

この愛情の片寄りということに関しては、理屈どおりにはいかないことがあるというのもいなめません。

たとえば、長男と次男、三男との差別。息子と娘との差別、優秀な子と凡庸な子との差別。従順な子と反抗的な子との差別。

もちろん、親にしてみれば、わざと愛情を不平等に与えたのではないはずです。しかし、昔からの「家」制度の名残のようなものがあれば、長男には長男として、次男には次男として、三男には三男としての愛情の掛け方があったのでしょう。また、息子には男としての、娘には女としての育て方があったでしょうし、お勉強のよくできる子には、経済的に苦しくても上の学校へ行かせてやろうとしたことでしょう。「家」のためには、誰かが犠牲になることも致し方のないことと考えられたかもしれません。日本が貧しかった時代でも、豊かになった今の時代でも、そんな不平等感はいつの間にか生まれているようです。

結局、そんなこんなの不満が、親の遺産相続時になって噴出してくるのです。同じ親の子であっても、親に対する気持ちは必ずしも同じではありません。兄弟姉妹のあいだでも、気持ちにずれがあり、温度差があります。それが、遺産相続を複雑にしている最大の原因だと思われます。

さて、前置きはこのくらいにして本筋に戻りましょうか。

それでは、実際の遺産分割調停の手順を書き始めましょう。

遺産分割には「遺産は配偶者が遺産の二分の一、残りの二分の一は子の数で分割して相続する」という基本的な法律があり、これは誰でも知っていることで、いとも単純なことのように聞こえます。しかし、実際の分割調停となりますと、そんな単純なことではすみません。とにかく、調停開始以前から終了後まで、次々と調整することが続きます。

まず、最初の調停期日まで、当事者や書記官が調停に関する準備書面を作成しますが、それにはかなりの労力が必要になります。また調停が始まりますと、手順を踏んで丁寧に合意を積み重ねていくことが求められます。それをおろそかにすると、それまでの苦労が水の泡となってしまうことがよくあるのです。これは「漂流する調停」といわれ、当事者からも裁判所からも嫌われます。

なお、財産を残して死亡した人を被相続人、その遺産を相続する権利のある人を相続人といいます。正確には被相続人が死亡しない限り相続人は推定相続人と呼ばれますが、ここでは相続人で統一します。

(3) 相続人を確定する

相続人が、残された親(被相続人の配偶者)と、生まれたときから一緒だった兄弟姉妹だけとはかぎりません。被相続人には前の結婚で生まれた子どもがいるというケースがよくあります。前に書きましたケースのように、会ったこともない見たこともない異母、または異父兄弟姉妹が突然現れることも珍しくありません。

たまには、だれにも知らせないまま被相続人が認知した子が登場する場合もあります。また、珍しいケースでしたが、知り合いの子どもの越境入学の便宜を図るため、養子縁組をして住所を使わせてやったつもりが、その後、離縁手続きをしなかったため、まったく他人の子どもが相続人となって登場するようなこともありました。

相続人が被相続人の遺産の相続をしないうちに死亡してしまったときは、その相続人に子どもがいれば、その子が代襲相続人として相続の権利を引き継ぎます。

また相続人が「それなりの理由」で、(「相続人の欠格事由　民法八九一条」を参考にしてください)相続権を失うことがあります。そのときも、権利を失った相続人に子どもがいれば、代襲相続人として相続権を引き継ぐことになります。

民法八九一条の内容について具体的にここで書くことは、法律の専門家ではありませんので控えることにしますが、詳しいことはインターネットでお調べください。なかなか興味深いものがあります。

また、上記の「相続人の欠格事由」以外に、次のようなものもあります。

推定相続人が、被相続人の存命中に、暴力を振るったり、罵詈雑言を浴びせたり、ひどい非行などを繰り返しますと、それを原因とする「推定相続人廃除」という調停が起こされ、相続人は相続権を失うことがあります。そのような場合にも排除された相続人に子どもがいれば、代襲相続人となってその権利を相続することになります。

子どものいない夫婦の場合は、相続人は妻だけではありません。被相続人の両親、兄弟姉妹などが相続人として登場します。

次は、相続人の数が減る場合を書きましょう。

相続人が相続の権利を失う行為をしたときでも、前に書きましたとおり、子が代襲相続人になることが多いので、実際の相続人の数は減りません。

相続人の数が減る代表的なケースは、相続人が「相続放棄」をした場合です。

相続開始に伴って、プラスの遺産、マイナスの遺産を調べ上げた結果、マイナス遺産のほうが多いということが判明したときには、家庭裁判所に「相続放棄」の申述をすることができます。ただし、原則として、自分が相続人になったとわかってから、三か月以内という期限が付いていますから、いつまでもほおっておくと、そのまま親の負債をしっかり相続することになります。

もちろん、相続人の中には、たとえマイナス遺産であっても、自分たちの思い出が残る家屋敷などを簡単に手放すことはできないといって、すべてを覚悟で相続なさる方もおります。そのほか、「限定相続」という方法もありますが、この説明は専門家にお任せして次に進みましょう。

一方、プラスの遺産があるのを承知のうえで、遺産分割調停に参加してまで、親、兄弟姉妹と遺産取得の争いに加わりたくないという方がよく取られる手続きを書きます。

① 最初から「相続放棄」をして、分割調停から「脱退する」というやり方です。この場合は、相続人の数が減ることになりますから、残った相続人が、相続放棄した相続人の分をもふくめて、それぞれの取り分にしたがって分割、取得することになります。

② 「相続放棄」はせずに、あくまでも相続分を取得し、それを特定の相続人に譲渡する手続きをすませ、調停の場から脱退するやり方です。残された親に譲渡するとか、老親を最後まで看

取ってくれた兄弟姉妹に感謝の気持ちを表したい方などが、よくこの方法を使われます。
③　調停には最後まで参加して、遺産がどのように分割されたか見届けてから、取得した相続分を特定の相続人に譲渡する、または自分の取り分を他の相続人全体に譲渡するといったやり方を取る方もいます。

また、以前は相続人と同居する老母親が、自分の取り分すべてを、同居する相続人に譲渡して調停から脱退してしまうということがよくありました。戦前の「家督相続」の名残でしょうが、これはかなり問題を残すことになります。

たとえば、相続人またはその妻と老親との仲たがいが原因で、何も相続していない老親が無一文で家を出ることになるということが起きたり、老親の相続分を譲渡された相続人が思いがけず早逝してしまい、すべての財産はその配偶者と子にいってしまう結果となり、老親には住む家もなくなるといったこともよくありました。今は昔の話です。

いずれにしても、遺産分割調停では、「相続放棄」して調停から脱退、または、持ち分を他の相続人に譲渡して調停から脱退するときには、それなりの手続きが必要になりますので、書記官に申し出ていただくことになります。

ここで、注意しなければならない点があります。それは、たとえ遺産を取得しなくても、相続放棄の手続きをしないかぎり、被相続人に借金があった場合は法定相続分の割合で負担することになるということです。

相続人を一人残らず把握する仕事は調停委員の役割ではありませんが、相続人が確定されなければ、調停の一歩が始められません。異母、異父兄弟姉妹、婚外子、代襲相続人、養子など、相続人の人間関係が複雑になりますと、相続人の間で微妙な感情的対立が生まれたりするもので、調停委員としては、それぞれの相続人の顔ぶれは、前もってしっかり頭に入れておく必要があります。

以上、かなり簡単に書きましたが、遺産分割の調停も、出だしから問題含みだとわかっていただけたと思います。

(4) 遺言書の存在と検認

次は、遺言書について書いてみます。

自筆の遺言書がある場合は、ただちに家庭裁判所に提出し、遺言書の検認を受けなければなりません。遺言書があるのに、自分の相続分を有利にしようと、故意に隠したり、廃棄したり、変造したりすると、これも「相続人の欠格事由」の一つになり、相続人の地位を失うことになりかねません。

よく間違われるのですが、検認とは「その遺言書が有効か無効かを判断する手続きではない」ということです。遺言書の存在と、その内容を相続人に知らせ、その後、かってに書き換えられたりするのを防ぐ手続きです。それだからこそ遺言書の入っている封書は未開封のまま家庭裁判所に持ってくることが原則になっております。家庭裁判所で「遺言書の検認」をすませたから、その遺言書は有効であると主張する方がおりますが、それは間違いです。家庭裁判所は提出された遺言書を相続人全員に見てもらい、そのコピーを預かるだけです。

遺言書には、もう一つ、公正証書による遺言があります。この遺言書は公証役場で作成されるもので、家庭裁判所での検認はいりません。よほどのことがないかぎり、遺言書の有効、無効について争われることはないものと思われます。

遺言書があれば遺産分割は簡単にすむだろうと誰しもが思いますが、これも実際の調停時には、さまざまの紛争のもとになることがあります。

まず、相続人が被相続人になりすまし、自分に有利になるような遺言書を偽造したりします。これも、前に書きましたとおり、相続人の立場を失うということになります。

提出される遺言書には、巻紙に毛筆で延々と子々孫々に伝える家訓的なものが書かれたものから、残される子どもたちへの感謝の気持ちなどを述べたものがあります。立派な遺言書のようでも、肝心の遺産とその分割方法には何も言及していないものがあったりします。

その一方で、新聞に入ってくるチラシの裏に「全財産を○○にやる」などとボールペンなどで走り書きされたものもあります。

その遺言書の内容が物議をかもすようなものでなければ、それはそれでいいのですが、ときには奇想天外のもの、相続人の「遺留分」など、まったく無視したものなどですと、一通の遺言書からさまざまの問題が出てきます。

「遺留分」の説明の仕方はいろいろありますが、いちばんわかりやすく言えば、「被相続人の配偶者、子、代襲相続人には法定相続分の二分の一を相続する権利がある、（ただし被相続人の親の場合は三分の一、兄弟姉妹には遺留分はない）」ということになろうかと思います。

たとえば、遺言書に、「長男に全遺産を与える。その他の相続人の相続分はゼロ」などと書かれているとします。そんなときでも、その他の相続人は、自分の法定相続分の二分の一を取り戻せる権利が残されているということです。

これは、過分に相続した相続人に対し、「内容証明郵便」などでその意思表示をすればいいのですが、相手が一向にそれに応じないときには、調停や訴訟によって取り戻すことになります。この訴えは「遺留分減殺請求」といわれるもので、これは相続が開始し、遺言状の内容がはっきりしてきたときなどによく起こされる調停です。請求できる期間は、遺留分が侵害されている事実を知った時期から一年以内ですが、たしかに、次男、三男という理由だけで、親から相続はあきらめろと言われるのは、同じ親から生まれた子どもとしては割り切れない思いがあるようです。

「遺留分減殺請求」に関しては、細かい決まりがたくさんありますが、ここではこの程度にしておいて、先に進みましょう。

次は、遺言書の内容に関する争いです。

「遺留分」以外にも次のような紛争が生じます。

「この遺言書が書かれたころには、被相続人は完全に認知症が進んでいた。これは誰か別の人間が書いた偽遺言書に違いない」

「被相続人は脳梗塞で右手が麻痺していた。こんな上手な字が書けたはずはない」

「被相続人がこんな内容を書くはずはない。誰かが強制的に書かせたのだろう」

と、遺言書の無効を主張する意見が出ます。

また、被相続人が、相続人の歓心を得ようと、生前すべての相続人に「全財産は○○にあげる」との遺言書を乱発したケースもありました。まさに「空手形」ですが、相続人も後生大事にその遺言書を持っていました。それは、年老いた被相続人の心細さがしみじみとわかるような事件でしたが、もちろん、法的に有効な遺言書は、日付のいちばん新しいもの一通になります。

いちばん驚いたのは、調停中に三人の相続人から、それぞれ一通、合わせて三通の遺言書が提出されたことがありました。日付を確認したり、筆跡を確認したりしましたが、その結果、すべて本物ではなさそうだとわかりかけたときは、何とも肌寒い想いがしたものです。もちろん次の調停日を待たずに、遺産相続調停は申立人により取り下げられてしまいました。

そんなこんながありますと、ついには、「本人の手によるものかどうか、筆跡鑑定をしてもらおう」と言いだす当事者が出てきます。ここまでくると、調停の出発時点で、もう話し合いは中断してしまいます。地方裁判所に持っていき、筆跡鑑定を受けることになります。もちろん鑑定費用も大変ですし、結果が出るまでの時間もかなりのものですが、「上げた拳は下せない」という方たちの集まりですと、調停委員の調整など聞いていただけません。そんなときは、取りあえず調停を一時取り下げて、地方裁判所で鑑定の結果が出た時点で、再調停の申立てをしていただくことになります。

遺言書さえあれば、自分の死後、遺産分割をめぐって相続人たちが要らぬ争いをしないですむだろうという被相続人の想いとは裏腹に、とんでもない争いの原因をつくりかねないことがよくあるものです。

また、自分の遺産の取り分を有利にしようと、勝手に遺言書を偽造したり廃棄したりすることが、想像以上に重大な結果を生む行為であることも、相続人たちにはしっかり理解していて欲しいことです。

自筆の遺言書を残される方は、せっかく書かれた遺言書が相続人の間にいらぬ争いを起させないよう、また法的に無効にならないように、自筆遺言書の書き方を十分わきまえたうえで、お書きになられることが大切だと思うこともしばしばです。

かなり前の話です。調停開始前に自筆の遺言書が提出され、検認を受けました。とてもよく書けた遺言書でしたが、最後の最後で無効ということになってしまいました。理由は署名捺印のところが、ご夫婦の連名になっていたのです。このご夫婦は、子どもたちに「父さんも母さんも同じ気持ちなのだよ」と言いたかったのでしょう。そのお気持ちはよくわかります。でも、連名の遺言書は残念ながら無効になってしまいます。

さて、遺言書の話はこの程度にして、次に進みましょう。

(5) 遺産の範囲を確定する

これも難しい仕事です。これが確定されれば、一つの峠を越したことになりますが、こじれますと、紛争が長引きます。

まず遺産の範囲とはどんなことを言うのでしょうか。

わかりやすい言葉で言うと、「遺産の総額」です。どれほどの不動産（土地、家屋、田畑、山林）、動産（現金、預貯金、証券、貴金属、骨董品など）が残されたか。どれほどのマイナス財産（借金、未納の税金、保険料、医療費など）が残されたか。すべて洗い出し、それを具体的にどれほどの価格のものかはっきりと金額で表すことです。

この仕事は調停を申立てるときに、中立人側が行うのが原則ですが、開示された不動産とその評価額、動産の一覧表などに相手方が不服を示しますと、これがまた大変になります。

まず「不動産の評価額」が中立人、相手方で異なるときはどうなるでしょうか。

「課税評価額を参考にしよう」

「いや、路線価格でなくてはいけない」

「不動産屋に近辺の不動産の価格をきいてみよう」

「こうなったら不動産鑑定士を頼もう」

「そんなことをしたら、鑑定料がすごいぞ！　誰がその金を支払うんだ」

それぞれが、自分の取り分の思惑もあって、それぞれの主張を始めます。

また、被相続人がいろいろな場所に数々の不動産を持っていた場合は、すべてを洗い出すのも一仕事になります。

特に農家のかたたちは、どの場所にあるどの田畑が遺産になるのか、裏の山のどこからどこまでが被相続人のものか、相続人の誰もがわからないということさえあります。

町に住む被相続人の中には、数か所にアパート、マンション、駐車場などを持っていて、その経営が現在どうなっているのか、相続人の誰も知らないということもあります。よく調べてみたら、アパートもマンションも空き室だらけで、毎月多額の赤字を出しているなどというのも珍しくありません。「バブル時代のツケ」で、地方都市では、今や不動産はマイナス資産になっていることも多いのです。

または、遺産であると認識されていた不動産が、実は被相続人により生前に売却されていたなどということも珍しくありません。たとえば、遺言書には「××の土地は○○に遺る」と書かれてあるのに、現物はとうの昔に他人に売却されていたなどはよくあることです。

また、調べてみたら、遺産の不動産は時価を上回る借金の担保に入っていたということもよくあることです。

また、同じようなことですが、相手方が申立人の提出した動産の一覧表に不信を抱いたらどうなるでしょうか。


「被相続人はもっと預貯金を持っていたはずだ」

「申立人は被相続人名義の預貯金を隠してしまっている。すべてを開示すべきだ」

「かなりの現金が家の金庫に入っていたはずだ」

「同居していた相続人が、勝手に被相続人の貯金を引き出して使ってしまっている」

「被相続人は相当の年金を貰っていたはずだ。使いきれなかった年金はどうなったんだ」

「土蔵の中にはかなり価値のある骨董品が入っているはずだ」

「貸金庫の中の金の延べ棒はどうした」

「××会社の株券はどうなった」

「○○銀行の貸金庫のカギはどこだ」
「被相続人が掛けていた生命保険はどうなった」

そうこうしておりますうちに、相続人同士の不信感がますますつのっていきます。相手の不正を追及するには、追及する方が証拠となるものを提出するのが原則ですが、それはなかなか困難なことですので、その不信感はくすぶり続け、解決までの道程が一向に見えてこないことになります。

不動産、動産の開示に関してどうしても納得がいかないとなりますと、不服の相続人は、相続人の誰かが不当に被相続人の財産を自分のものにしてしまっているということで、「不当利得返還請求権」のもとに、その返還を請求する裁判を地方裁判所に起こすことができます。これは、次の「特別受益」にも重なりますので、そこでも言及する予定ですが、このときも、「遺言書の真偽」で書きましたとおり、裁判の決定までには時間がかかりますので、調停はいったん取り下げていいただき、結果が出た時点で再調停の申立てをしていいただくことがふつうです。

(6) 特別受益の有無を確認する

特別受益とは、相続人が被相続人の生存中に受けた金銭的援助、または死亡時に遺贈されたものを言います。

たとえば、家を建てるとき、建築費の一部を親から援助してもらった。自宅を新築するため被相続人所有の土地の一部を贈与してもらった。会社を創立したとき、開業資金の一部を出してもらった。多重債務の整理をしてもらった。不倫の慰謝料の支払いを親に肩代わりしてもらった。子の大学入学金を肩代わりしてもらった。その他もろもろです。

電話などでやすやすと「おれおれ詐欺」にかかってしまう老親の多さに驚きますが、子どもからじかに頼まれたら、その余裕があるかぎり、たいていの援助をするのが日本の親なのでしょう。もちろん、援助を受けるのが悪いと言っているのではありません。

ただ、さまざまな経済的援助を受けた事実があれば、遺産分割調停の場では、援助を受けた者は自主的にその事実を話してくれれば問題はこじれません。

生前に受け取ったものは一般的には遺産の前渡しと考えられますので、特別受益と認められたものの価格は遺産額に加算されて、遺産総額が決められます。これを「もち戻しの計算」といいます。

これがまた、遺産分割調停をいっそう複雑にする要素になってくるのです。

往々にして、特別受益を受けた当人が、その事実を完全に忘れてしまっている、または故意に忘れたふりをすることが多いのです。これは、よくある話ですが、援助をする親のほうも、なるべく他の相続人に内緒でことを運ぼうとする傾向があるようです。

「次男坊は、被相続人が生きているうちに、他の兄弟には内緒でかなりの経済的援助を受けていたはずだ。それなのに、他の相続人と同じ額を相続するのは不公平だ」と他の兄弟が言いだします。

「そういえば、親が何かのときに、ちらっと言ったのを憶えているぞ」と、もう一人の兄弟が言いたてます。でも、それを裏付けるものがないと、当人が援助を受けたことを認めないかぎり、特別受益があったとは容易に断定できません。

「三男は、自営業を始めるとき、開業資金を出して貰ったはずだ」という話が出ます。

三男は「いや、あれは商売が軌道に乗ったときから、毎月分割で全額返済した。貰いっぱなしじゃない！」と反論します。しかし、借用証書も返済の記録もなければ、特別受益があったのかどうか確定できません。ただ、相続人の間に不穏な空気が流れるだけです。

また、ある相続人は、「自分は高校卒なのに、他の相続人は大学まで出してもらった。これは不公平ではないか」と言いだします。すると、別の兄弟が、

「いや、あいつが大学に行かなかったのは、勉強嫌いだったからだ。自業自得だろう」と反論します。

また、ある相続人は、「自分は自宅から通学して国立大学を卒業したから親の援助はさほど受けてはいない。それに比べ、もう一方の相続人は東京の私立の医学部に入ったのだから、親の負担は大変だった。それは特別受益ではないだろうか」と主張し始めます。

争いは姉妹のほうにも波及します。

「姉と妹は、結婚するとき、嫁入り道具を十分持たせてもらった。持参金も持たせたと、亡くなった父親はよく言っていたぞ」

「お姉さんのときは、お父さんも頑張っていろんな物を持たせてやったけど、私のときは結婚相手が気に入らなかったから、嫁入り道具なんてろくに用意してもらえなかったわよ」

「妹は、実家に帰るたびに、親に生活費を無心していた。母親も、へそくりのなかから五万、十万とそのつど渡していたようだった」

たしかな証拠がないかぎり、他の相続人が言い立てた特別受益はなかなか認められないことが多いのです。そのうえ、教育費、結婚費用、嫁入り道具、生活費の援助が果たして特別受益になるかどうかは、悩ましいところが多くあります。

このような親からの援助は、他の相続人と比べてはるかに多くの経済的恩恵を受けたかどうかということが判断の基準になるのでしょうが、それでも、お互いが、推測やら親から聞いた話などで、他の相続人の特別受益を主張したりしますと、言われたほうは懸命に否定します。これが延々と続きますと、お互いの不公平感がますます深まり、追及は止まるところを知らなくなり、ついには、兄弟姉妹の間に不信と憎悪の感情が生まれてきます。

遺産総額が決まらなければ、それぞれが受け取る額も算出できませんから、調停は先に進められません。相続人の間で、誰かが勝手に被相続人の貯金を引き出して使ってしまったなどという

「特別受益」の争いが熾烈になった場合は、地方裁判所に「不当利得返還請求」を申立て、裁判で決着をつけてもらうということにもなりかねません。

当然のことですが、「特別受益」に合意ができますと、特別受益を受けた相続人がじっさい受け取る金額は、すでにもらった分を差し引いたものになります。

こんなときに、子どもたちに密かに金銭的援助をした親が、遺言書などにその事実をきっちりと書いておいてくれれば、争いが深刻にならず、長期化することもないのではないかと思われることがあります。

これに関するエピソードを一つ書いてみましょう。

相続人四人が、お互いの特別受益をめぐってなかなか話がまとまらない事件がありました。何度目かの調停の場に、相続人の一人が、父親が書いた十数冊の日記を持参しました。本人は、能書家であった父親が書いた日記を形見としてもらったもので、その内容にはあまり興味はなかったようです。

ところが、ある日、ふと気になってその日記を読んでびっくりしたとのこと。なんと、すべての子どもに対し、いつなんどき、どれほどの金銭的援助をしたかがこと細かに書いてあったことが判明したのです。

毛筆で書かれた日々の出来事の最後の行に、「長男××万円渡し」「次男××万円持参して返済」など、小さな文字で書かれてありました。結局、四人兄弟全員が、額に差こそあれ、それぞれ必要に応じて援助をしてもらっていることが判明しました。子ども全員が被相続人から平等に愛されていたということが認識され、それ以上争いを続けることの無意味さに気づいたようで、長引いた調停があっさり終わったということがありました。

次は、被相続人の身体的介護を最後まで受け持った相続人、または、家業を手伝い、被相続人の遺産の維持、増加に貢献した相続人、または、被相続人へ経済的援助を続けた相続人の話に移りましょう。

簡単に言えば、親からいくら援助されたかの話ではなく、親の面倒をどれほどみたかという話です。昔ながらの「親孝行」と呼ばれる愛情行為も、いざとなったら金銭に換算されかねないお話です。

(7) 寄与分を決める

「自分は世話のやける老親を最後まで見届けた。他の相続人と同じ扱いを受けるのは不公平だ」とある相続人が主張します。

それに対し、別に住んでいた他の相続人たちは、「お盆と正月には、親を訪ねて、十分、親孝行はしたつもりだ」、「たまには、お小遣いもあげていた」と反論します。

また、「同居していた相続人は、被相続人のお金を使ってバリアフリーの工事をし、トイレと風呂場をリフォームした。被相続人が亡くなったあとも、同じ家に住むのだから、逆に不当な利益を得たことになるだろう」と被相続人と同居していた相続人の特別受益を主張する相続人が出てきます。

「被相続人が元気なうちは、同居していた相続人夫婦の子どもの世話に明け暮れていた。共働きができたのも、被相続人がいたおかげだろう。老親の世話をしてもらったのはたしかだけれど、自分たちも同居して恩恵を受けていたではないか」と別の相続人も主張します。

「老親と同居していないやつに何がわかる。昼夜徘徊する親のあとを追いかけて、汚したトイレや衣服の後始末をして、お風呂に一緒に入って体を洗ってやって、食べやすい料理を三度、三度作って食べさせて、最後はおむつの交換までやったのは誰だと思っている！　たまに盆と正月にお客様気分でやってきて、ちょっとくらい親が笑顔を見せたからって、それで親孝行をしたなんて言えるか！」。老親と同居していた相続人はますます腹を立てます。

「老人介護施設」や「介護保険」が年とともに充実しつつあるのはたしかですが、やはり十分とは言えません。できるだけ自宅で過ごしたいと希望する老親と一緒に、日々頑張ってきた子どもやその配偶者の気持ちを踏みにじるような発言は、たとえ兄弟姉妹の立場の違いとはいえ、聞いているととても辛い気持ちになります。

この対立は、嫁vs姑vs小姑の確執などもからんでかなり深刻なものになりますが、いずれにしても、被相続人と同居し、配偶者の尽力をえて、長年、老親のお世話をしてきた相続人にはやはり特別な配慮があっていいのではないかと思われます。特に、現代医学の進歩により、人は長寿になりました。老親のお世話を何十年も続けてきた相続人の妻の苦労などがあまりにも軽視されれば、その不公平感は大きくなりますし、ますます老親は自宅で晩年を過ごすことが難しくなるのではないかと思われます。

また、被相続人と一緒に稼業を経営してきた相続人は「家業が継続できなくなるような遺産分割はできない」と主張します。特に被相続人と農業経営に従事していた相続人や、代々自営で商売をしてきた家業の跡継ぎと言われる人たちは深刻です。

仕事にみあう十分な給与を受け取って家業を手伝ってきたのであれば、問題は少ないのですが、同じ家に住み、配偶者までも従業員のように一緒に働き、家計も一緒、食事も一緒、利益が少ないときは小遣いさえもらえなかったような場合は、他の相続人とまったく同じと考えると、当然不公平感が生まれます。

それでは、このような不公平感を解消するための法律はあるのでしょうか。

あります。被相続人の資産の維持、増加に貢献した相続人には、他の相続人よりも遺産の受け取り額を多くしましょうという法律です。

これが「寄与分」と言われるものです。

ただし、この額は相続人全員の合意で決まることになっていますので、またまた論争が始まります。特に、老親のお世話ということになりますと、思いのほか評価が低くなります。親と同居していない男性の相続人の中には、老親のお世話ということがまったくイメージできないという方が意外と多いのです。たぶん、このような方は自宅でも、妻の家事労働の対価をゼロと評価しているのだろうと疑ってしまいます。

余計な話ですが、厚生労働省から出ている「賃金センサス」で家事労働の対価を調べてみますと、びっくりするような価格が付けられています。

「本当にご苦労さまでした」と相当の「寄与分」を認める相続人もおりますが、当然のように、それぞれの相続人はそれぞれの意見をもっています。そうなりますと、また、からまった糸を解くような意見調整をすることになります。

「私だったらもっとお母さんに優しくしてあげたわ。あんなひどい介護をしておいて、いまさら寄与分だなんて認められますか」とは、女性の相続人からはよく聞かれる意見です。

「長男は父親と一緒に苦労して農業をしてきたと言っているが、ずいぶん前から農地を委託に出して、委託料を独り占めしているじゃないか。それだけでも、不公平なのに、寄与分なんて認められない」との反論が出ます。

「先祖代々の稼業が傾いたのは同居していた相続人のせいだ。親の財産を食いつぶして今までのうのうとしていたのは誰だ。何が寄与分だ」と主張する相続人も出たりします。
「寄与分」の決定に、相続人の間で合意が取れないと、家庭裁判所の審判に移行して決めることになります

と、ここまで、「遺産の範囲」「遺言書の真偽」「特別受益」「寄与分」に関して、調停での話し合いで合意が取れない場合は、地方裁判所の裁判または家庭裁判所の審判で決めてもらうことになると書きました。

ところが、じっさい遺産分割調停に携わってきた経験から言いますと、まず、地方裁判所へ行かれる方はほとんどいないのです。からんだ糸を一つ一つほぐしていくように、それぞれの意見や思いを聞きながら、法律的に認められる部分、認められない部分を丁寧に説明し、理解していただくうちに、徐々に徐々に、一項目ずつ合意ができ上がり、ゴールに向かって進んでいくことが多いものです。もちろん、例外はいずれの場合でもつきものですが。

離婚調停は法律だけでは調整できないところがほとんどです。

その点、遺産分割調停は法律がきちんと整理されていますので、時間さえかければ、どんな事件でも調停成立は可能である、と言っても過言ではないと思っています。

そんなこんなで、分割すべき遺産の総額がやっと決まったということで、話を先に進めましょ

う。

なぜ特別受益や寄与分の額を決定するのがこれほど必要かということは、もうおわかりのように、遺産の総額は、この二項目がはっきりしないと、決まらないからなのです。次に簡単な数式を書きましょう。

分割すべき遺産の総額＝①残された遺産の評価額（マイナスの遺産も含む）＋②（計算上持ち戻された）特別受益の金額－③寄与分〔（①＋②）×X％〕

分割するときには、①＋②を遺産の総額（みなし遺産）と考えます。その総額の何パーセント分を寄与分とするかを相続人の間で協議します。そして、まず寄与分を優先的に遺産から差引きます。そして、その残りが実際分割すべき遺産の総額になります。

さて、ここまでくれば一つの峠を越えたことになります。相続人の数と相続人と被相続人との身分関係がはっきりしていれば、理屈上、あとは掛け算、割り算、足し算だけの仕事のはずです。ところが、ここからも、またまた仕事が続くのです。

(8) 具体的な分割方法を決める

分割すべき遺産の総額が決まりますと、あとは法定相続分に従って分割すればいいわけです。

特別受益のあった相続人は、取得分から特別受益分を差し引いた金額を受け取ることになりますし、「寄与」があったと認められ相続人は「寄与分」をプラスした金額を受け取ればいいことです。

審判での遺産分割はここまでで終結となり、具体的にどのように分割するかまでは言及しないようです。

しかし、調停では最後までお付き合いすることになっていますので、また問題が生じます。残されたものが、現金、預貯金のみという場合は、本当に簡単にすむのですが、じっさいは、分割すべきものが田畑、古家付きの宅地、アパート、マンション、株券、貴金属とさまざまなのです。なかでも、不動産の分割は問題が山積します。

「不動産なんか貰ってもしょうがない。現金で受け取りたい」とたいてい女性の相続人たちは主張します。

「家屋敷は長男が相続すればいいだろう。自分には家があるから、現金にしてもらいたい」と次男が主張します。

「俺だって田舎の家屋敷なんて欲しくないよ。勤務先は遠くだし。長男だから家を継げなんて、いまさらなにを言っているんだ」と長男が反論します。

一方、家業を継ぐ予定の相続人、または農業経営を続けていきたい相続人は、家屋敷や田畑の取得に固執します。被相続人と同居してきた相続人は、いまさら親の家を出て、自宅を建てることもままなりませんが、その土地家屋が被相続人の遺産であれば、分割の対象になります。また、新しく建て直した家が被相続人と長男の共同名義になっていたり、敷地が借地であったりすると問題はさらに複雑になります。

不動産に関しては、相続人の誰もが取得したがらないケースと、一人の相続人がすべてを取得したがるケースと両極端になりがちです。

相続人の間で、不動産が邪魔者扱いにされるなどは、土地の値段が上昇していた「バブル時代」には考えられなかったことでした。

それでも、東京などに住む相続人は、地方の不動産の価格の低さにどうしても納得がいかないということがよくあります。また、幼いころ過ごした田舎の生活を、自分の原点と考えている人も多く、思い出のある生まれ故郷には、いつ帰っても、水道が使えて、ガスがでて、電燈がともる家が残っていて欲しいと願うらしいです。欲を言えば、お仏壇もお墓もちゃんと残っていて欲しい。お盆には帰省してお墓詣りをしたい。そのためには、誰かがその古家と土地を取得して欲しい。お墓の世話もして欲しい。でも自分はできない。

その気持ちはよくわかります。

一方、田舎住まいの現実を知っている相続人は、その不便さ、煩わしさを嫌います。経済的に何のメリットもない実家の家屋敷を相続しても、住むことがなければ、電気、ガス、水道などの公共料金、固定資産税の負担、隣近所との付き合い、祭りの参加、結と呼ばれる村の共同作業、庭の立木の手入れ、古家の修理などなど、とてもやっていけることではありません。特に、農村であったり、逆に家の建てこんだ街中であったりしますと、周囲に住む方たちに迷惑はかけられません。古家を賃貸に出しても、借り手など容易に見つかりません。一刻も早く手放すべきだと主張します。

これもよくわかります。

さて、こんなときはどうすればいいのでしょうか。

預貯金は、調停成立時の調停調書があれば、あとは手続きだけで解約、現金化することができます。

貴金属の装飾品どは、金額的にはさほどでないものであれば、娘、息子の配偶者たちが、被相続人の形見として受けとることで落ち着くのがふつうです。

金貯金、プラチナ貯金、金の延べ棒などは、時価で換金するのは簡単です。

「株券」は、死亡時の価格で計算できます。

「生命保険」は、受取人がはっきりしていて、びっくりするほど多額でない限り遺産とはみなさないというのが原則です。受取人が被相続人自身であったり、また決まっていなかったりしたときには、ふつうの遺産とみなされ、分割の対象となりますが、現金化はさほど面倒ではないでしょう。

被相続人の死によって支払われる「死亡退職金」は、支払う組織の「規定」がありますので、それにのっとればいいわけです。

まだ受け取っていなかった年金などは、残された配偶者が第一の受取人になります。

やはり、問題は不動産です。

不動産の取得を主張する相続人は、自分の取り分が多すぎるときは、取りすぎた分を他の相続人に支払わなければなりません。これを「代償金」といいます。当の相続人がどのようにして「代償金」を用意するかは本人に任せなくてはなりませんが、問題が起きるのは、不動産は欲しいが、「代償金」は払えないというときです。「用意できるだけの代償金でいいよ」と、ものわかりのいい人ばかりなら解決に近づけますが、そうはいかないものです。では、そんなときはどうなるでしょうか。いろいろ調整を試みても、双方びくとも動かないようなときは、結局その不動産を売却し、すべての必要経費を差し引いて、残ったお金を分割することになります。

ここで、また問題発生です。

毎年土地の値段が下がっていく田舎町の不動産などは、まず買い手が見つかりません。田畑などは、法律があってそう勝手に売り買いはできません。田舎の人は「田んぼを手放したい人は幾らでもいるが、田んぼを買いたがる人はまずいない」と言います。農業従事者の老齢化で、農地を持てあましている方が大勢いるのでしょう。大規模に米作りをする人は増えてきていても、農地を買い取るよりは、委託を引き受けるやり方を選ぶようです。農地の委託では代償金はつくれません。

地方都市の宅地、居宅なども、よほど好条件のものでなければなかなか処分できません。古い家が付いたままでは、ますます買い手が付きませんから、更地にしてから売りに出そうという意見が出ます。しかし、家の解体費用は何百万円もかかります。隣接する土地との境界線も確認しなければなりません。それらの工事を誰が契約して、その経費は誰が立て替えるのか。もし更地にしても、買い手が現れないときどうするのか。更地にすれば固定資産税が上がります。その間の固定資産税は誰が払うのか。土地の管理は誰がするのか。更地にしても、すぐ草は生えるだろう。そのままにしておけば、隣近所から苦情も出るだろう。見積もりは数か所の不動産屋から取らなければならないだろうが、誰が信用できる不動産屋を探してくるのか。

次から次と、確認しなければならない問題が出てきます。

この不動産の処分の仕方で、遺産総額がまた大きく変わりそうになると、やっぱり不動産の売却はやめようかと話がもとに戻ったりもします。

(9) 遺産分割調停成立

ということで、いくつかの山を越えて、やっと、全相続人に同意ができたということで、話を先に進めましょう。

遺産分割調停での実務としては、全相続人から信頼を受けている一人の相続人が代表人になり仕事を進めることが多いです。便宜上、一人の相続人が全遺産を取得することにして、他の相続人にはそれぞれ代償金を支払うという方法が、いちばんことが早くすむようです。これは、遺産が巨額のものでないかぎり合理的なやり方だと思われますが、もちろん、数か所に分散する巨額な不動産などが遺産のときなどは、そう簡単にはいきません。ただ、それは数の上ではそう多くありません。

調停成立時には、例によって、当事者全員がテーブルに並んで座り、向かい側には裁判官、調停委員が、脇には書記官が並びます。それで、裁判官が調停で合意ができた分割方法を読み上げます。

裁判官が「これでよろしいですね」と言い、当事者全員が「はい」と答えれば、調停成立です。ところが、たまには、調停成立時に、代償金として受け取るべき現金をその場で直接受け取りたいと言い張る当事者がいます。

ふつうは「××銀行の相手方名義口座に何月何日までに振り込んで支払う」という文言ですませるのですが、双方の不信感が非常に根強い場合などは、そうはいきません。

どうしても、現金をこの場で受け取りたいと主張を曲げない相続人がいるときは、最後の手段として、「席上での現金の授受」ということもやります。

すなわち、調停室の席上で、裁判官、調停委員、書記官、中立人、相手方が見守る中で、現金の受け渡しをするのです。たとえば、代償金が五百万円とします。百万円の札束が五つ用意されます。それを「はい、どうぞ」「ありがとう」と言って受け取れば、それで終わりのはずですが、そういうことにはなりません。

まず、裁判官から「数えてください」と言われます。

「数えなくても、大丈夫です。△△銀行の帯がしてありますから」などと言ってもだめです。

席上の全員の目が、札束とそれを数える人の指先に集まります。シーンと静まりかえった調停室内に、「いちぃ、にぃ、さぁん、」と呟く声が聞こえます。私たちも、心の中で同じように数えます。「きゅうじゅう」あたりで、どういうわけか、お札がハラハラと手からこぼれ落ちたりすることがよくあります。全員が思わず、「あ〜」と言って、また始めから数え直すのを見詰めます。

ベテラン銀行員のように、お札の束をパタパタと一気に扇型に広げ、シャッ、シャッと小気味良く数えられる方はほとんどおりません。三百万円、五百万円の紙幣を数えきるのにどれほどの時間がかかることでしょう。

「間違いありません」という声が聞こえるまで、当事者の指先で不器用に動く、一枚一枚の紙幣を見つめながら、お金の持つ得体の知れない力に改めて気づかされたりするのです。

と、これで終わりかと思いますが、たまには、「こんな大金を持って、裁判所の外に出られない！」と言われる方がおります。特に、相当年配の方になりますと、私たちも心配になります。付添の方が一人もおられないときなどはなおさらです。

「すぐに、近くの郵便局に預けたいのですが」と言われたときなど、それでは「タクシーを頼みましょうか」とタクシーの手配をしようとしますと、「一人でタクシーに乗るなんて、ぶっそうでできません」と言われます。ついには、裁判所の手すきの職員が、最寄りの郵便局の入り口まで見え隠れに同行して、局内に入ったところを見届けて帰ってくることになります。実は、私も二度ほどかなりお年を召されたご婦人に郵便局まで同行させていただいたことがあります。そのときの私は、たまたま近くに居合わせた世話好きなおばさんという立場を取らせていただきました。

⑽ 遺産相続に附属しがちな争い・祭祀承継

以上で、遺産相続の概論は終了ですが、実は、分割の調停に付随して、よく出てくるのが「祭祀承継」に関する争いです。

「祭祀承継」とは簡単に言えば、家系を示す「過去帳」、「仏壇・仏具」、「お墓」の三つを引き継いでいくことのようです。

やはり、遺産分割にからんで、これが問題になるのは代々その土地に住み続けている方たちに多いようです。

祭祀承継者となれば、お墓が崩れかけていたら建て直したり、先祖代々の立派なお墓があればあったで、その管理をしたり、菩提寺との関係を維持したり、一周忌、三回忌、七回忌……五十回忌と孫・子の代まで法事を執り行ったりすることが求められます。もっとも、これらは法的には義務とは考えられてはいないのですが、地方では慣習に従うことが何よりも大切なのです。

お墓は墓石と墓地に分かれます。先祖代々我が家のお墓と思われているお墓も、ふつう墓石はその家のもの、墓地はお寺さんのものです。言いかえれば、墓地はお寺さんからお借りしているものですから、その使用料を支払わなければなりません。永代使用料をお支払する方法もあるようですが、長年お墓参りもしない、草ぼうぼう、墓石も崩れかけたまま、お墓の管理料も未払い、祭祀承継者との連絡が取れないというような状態が長く続きますと、先祖代々のお墓がいつの間にか、撤去されてしまうこともあるようです。

ということで、祭祀承継者となると、それなりの費用と時間を負担することになります。昔からその家の長男が承継者になるのが慣習になっていることが多いのですが、つねに、墓所に近いところに長男が住んでいるとは限りません。子どもが娘だけで全員結婚して他家の苗字に変わってしまったということもあります。承継者が決まらないまま争いになりますと、家庭裁判所で決めるということになります。

ここで、問題になるのは、遺産分割にからんで、祭祀承継者となるべき相続人が、今後、時間もお金もかかることだから、遺産を余分に分けて欲しいと主張なさるケースです。こういう場合には、お葬式の経費は誰が負担すべきかといった点も争いの種になります。

原則、どんな立派な墓石や仏壇・仏具も遺産とは考えない。また葬儀費用や、今後の祭祀承継のための費用なども、遺産相続とは切り離されると考えるのが法的に正しい解釈ですが、これがやはり調停成立への足かせになることがあります。

祭祀承継者は主張します。「相続人が平等に遺産を相続するのであれば、葬儀の費用も、今後の法事の費用も全て平等に負担すべきだろう。もしそれができないのであれば、遺産分割の場でそれなりの手当てをして欲しい」。

一方他の相続人は「お葬式の費用がかかったというが、喪主は香典もしっかり受け取ったのだから、それほどの出費はなかったはずだ。どうしてもというのなら、葬儀費用の領収書を見せてくれ。香典帳も開示せよ。お墓がどうのこうのと言うけれど、いずれ自分たちも入るのだろう。仏壇だって、お墓だってタダで貰うんだから遺産を余計よこせとはなにごとだ」と反発します。

「お寺さんへのお布施や戒名代の領収書などあるはずないだろう！　お葬式だって、法事だって、必ず赤字になるんだよ」と祭祀承継者は色めき立ちます。

となると、なかなか決着がつきません。

「これは、遺産相続とは切り離していただいて……」などと調停委員が割ってはいっても、弾き出されるのがオチです。

結局は、全ての相続人が、それなりの金額を、祭祀承継者に必要経費の前渡しのような形で支払うとか、これから行われる法事その他の必要経費は全員で平等に分担するとか、今後いっさいの法事その他は、祭祀継承者のみで行う。ただし、他の相続人にはお墓参りも法事の参加も許さないなど、さまざまの形で落ち着くようです。どうしても決着がつかなければ、別件として家庭裁判所に申立てるということになります。

私たちは、日常的に「家を継ぐ」とか「お墓を守る」とか「お仏壇にお花を」あげて、「親孝行」して「お盆にご先祖様をお迎え」して、「お彼岸のお墓参り」などという言葉を何気なく使います。それでいながら、いったん金銭的負担が伴うようになりますと、このようなご先祖様をおまつりする慣習も、争いの源になってしまうようです。

結局は、代々ご先祖様をお守りできたのも、「家」制度があり、金銭の損得抜きで、その責任を背負う立場に置かれた人が存在していたからこそのことなのでしょう。個々の人間の自由、平等と権利が第一に守られるべきとなれば、たとえ、親子であれ、兄弟姉妹であれ、不平等や束縛が生まれれば、受け入れられないと主張する人が出てくるのは当然と思われます。

東京郊外にある我が婚家のお寺のご住職が言っておられました。「建てて三代お守りができている墓は立派です。四代目になりますと、あらかたの墓は無縁仏になってしまいます」。

今の時代「先祖代々の墓」というのも、実は私たちが創り出した幻想なのかもしれません。

また別の観点からいえば、江戸時代までは、一般の庶民、農民などは墓石を建てることなど許されていなく、ほとんどが土饅頭(どまんじゅう)と呼ばれる土を丸く盛り上げただけの墓であったらしいのです。

ということは、「先祖代々の墓」の存在も、一般庶民にはさほど古いものではなさそうなのです。

遺産分割の話から、祭祀承継の話まで、長々と書いてしまいました。

以前から、私は「遺産・棚ボタ論」の主唱者でした。「受取額が多い、少ないで兄弟姉妹が喧嘩するなど、亡くなった方に申し訳が立たない」が私の持論でした。でも、どうもそうではないということが、たくさんの遺産分割調停にたずさわってくるうちにわかってきました。

むしろ、兄弟姉妹であれ、または親子であれ、遺産をめぐって争うのは、ある意味必然的なものではないかと思うようになりました。争わずにことをすませるのも、賢いやり方でしょう。しかし、争うことを「容認できないもの」として排除するのは、とても不健全なことだと今は考えています。相続人として法定相続分の取得の権利があるのなら、静穏にそれを要求すればいいのであって、また、どんな立場の相続人であれ、一人の相続人が他の相続人に対して「分けてやる」「くれてやる」という立場ではないということも心しておくべきことだと思います。

問題は法定相続分以上のものを、なんの根拠もなく取得しようと画策することです。数字の上だけで平等とすることが実情に合わなければ、「特別受益」や「寄与分」の補正手段があるのですから、それらを主張すべきでしょう。

前にも書きましたが、遺産分割に関しては、私のような素人でも感じ入るほど、微に入り細に入り法律がつくられております。また、それなりに改正もされています。平成二五年十二月二五日には「非嫡出子の相続分」が「嫡出子の相続分」と同じくなる民法改正がされました。また、昭和五五年の民法改正により、昭和五六年一月一日から配偶者の相続分は全遺産の三分の一だったものから、二分の一に代わりました。

最近の動きでは、それを三分の二に引き上げようという案が出ていると聞きます。残された配偶者の生活の安定と、子どもの数が減少しているという理由だと思われます。また、老親を最後まで看取った相続人の配偶者への功績をも認めようとする動きも出てきたようです。

明治時代、いえ、それ以前から綿々と続いている「家」制度の名残の心情と、現民法の精神とのせめぎ合いが続くなかで、外面を取りつくろうため、弱者の味方になるよりは、強者に追従する生き方を選んできた私たちの考え方が、いつもの時代にもまして省みられるようになったような気がします。

それは遺産相続に関してだけでなく、離婚に関しても同じです。

この「旧制度 vs 新制度」、「強者追従 vs 弱者救済」「多数派 vs 少数派」「集団 vs 個人」といったかたちの争いは「何を第一に選択するか」といった構図で当分熾烈に続くでしょう。それと同時に、今、まったく別の形の争いが生まれてきています。

「個」対「個」の争いです。伝統的道徳観や習慣から解放された「内なる個」を規制するものは何もありません。この解放された「内なる個」が、他人のもつ「内なる個」と対立し、おのれの「個」が満足するまで争いを繰り広げるとしたら、今までの紛争解決の方法は無力になってしまいます。

これからの夫婦間の争いもまた、「個」対「個」の争いとして、ますます複雑、深刻になっていくのでしょう。しかし、争いながらも、誰もが果てしない孤独には耐えられないのですから、どちらの「個」が勝者になっても、孤独からは逃れることはできないでしょう。となれば「内なる個」と他人の「内なる個」とを、自分の器の中でどのようなバランスのもとに相利共生させていくかが大切なポイントになるはずですが、この塩梅の妙ともいうべきものがどこにあるのか。これは永遠に解けない課題のような気がします。

あとがき

昭和六十年四月に調停委員になったとき、私は四二歳でした。その当時調停委員控室におられた調停委員の方々は、ほとんど六十歳から七十歳までの方たちで、当然私は小娘扱いされました。四二歳の私には、とてつもない年配の方々の中に迷い込んでしまったという戸惑いがありました。

今、私は七四歳です。時の流れ、年代の差、それによる感覚の差というのはどんな時代であっても、厳粛に存在します。若者は、年配の方の、少し焦点のずれたところで自説を曲げない頑固さに辟易し、年配の方は若者の発想、行動を奇妙なものとして辟易しています。そして、この現象は、かつて間違いなく若者であったものが厳然たる老人になっても同じように繰り返されています。

ただ困ったことに、かつて若者であった老人は、おのれが老人になったことに気がつきません。どの老人も自分だけは老けていないと密かに自負しています。

現代人は実年齢の八掛けの年齢を自覚年齢として生きていると言われます。七十歳の人は七〇×〇・八で五六歳の還暦前の自分を実感して生きており、六十歳の方は五十歳に満たない壮年であると実感して生きているとのことです。

でも他人の目は、七十歳の方を五六歳と見間違うことはないでしょう。実感が実は錯覚であると言ってしまえばそれまでですが、たしかに生きるということはかなりの錯覚を伴っていることは間違いないようです。

この錯覚現象は、子育ての場でも、教育の場でも、家庭内の人間関係でも、社会の中の人間関係でも起きています。ものの見方、考え方、価値観、一見不変と思われる道徳感さえもが刻一刻と変化していきます。昨日まで当然のように行われていたことが、今日にはセクハラだのモラハラだのと非難され、昨日まで小さな親切と歓迎されたものが、今日は大きなお世話と嫌われます。

ある大学の教育学の教授がこともなげに言いました。

「あ、それはあの当時はやった子育て法ですね。」

子育てにも流行りすたりがあるのですかと間抜けな質問をしましたら、その謹厳実直なる先生は再びおっしゃいました。

「何事もつねに右に、左に揺れています。右に揺れすぎたら、そのうち左の揺り戻しがきます。子育て法もしかりです。」

永遠に変わらないのは、東から登った太陽が西に沈むといったものぐらいなのでしょうか。

昭和十七年生まれの私が小学校に入学したとき、日本はまだアメリカの占領下でした。そして、日本の学校も週休二日でした。（私の故郷は福島県です。ものの本によると、当時週休二日制を採用した県は秋田県、滋賀県、長野県、山形県、福島県、千葉県のみだったようです。）

とにかく、当時は「ゆとり」も「詰め込み」もない、まさに一クラス六十人の「ぎゅうぎゅう詰め教育」でした。教室があれば良いほうで、青空教室などと呼ばれる野外の教室も珍しくない時代です。

「ゆとり教育」時代になった二〇〇二年四月以降、学校が週休二日制になったとき、当時の親たちは子どもをそんなに遊ばせていいものだろうかと心配しましたが、一方、「ゆとり教育」こそ真の人間性を育てるまっとうな教育体制であると、偉い政治家、教育者たちは主張しました。すぐに、国中が「ゆとり、ゆとり」を口にし始めます。ところが、十年後には、こんなことをしていたら日本は沈没してしまう、という声が聞こえ始めるや、振り子が逆方向に動き始めました。

ある時期には、人間の価値はその個性によって決まると、個性がもてはやされる風潮がありました。ところが、まもなく、他人と違う行動をとる人たちはKYと陰口をたたかれ始めました。KYと言われた人も他の人間をKYだと言い立てました。やがて、誰もが右へ倣え(なら)の状態から外れないよう細心の心配りをし、荒波を立てない生き方こそ賢い人間のすることだと、昔ながらの没個性の生き方に戻っていきました。

大昔、どこぞの国では、不吉な知らせを持ち帰った者は斬首の刑にあったそうです。集団にとって不愉快な知らせは、たとえそれが時を経ていずれ真実を告げる予言的なものであるとわかっていても、それが予言的であるかぎり拒絶され、その予言者は阻害され排除されてきました。

いずれの時代も、大多数の人々は目の前にある心地よいものを受け入れ、見たくないものは無視し、聞きたくないものには耳をふさぎ、たとえそれが食べることのできない蝋細工のニンジンであっても目の前にぶら下げられれば、それを追って走りだしました。

その点では、もし陰で国民を馬と見立て、無謀なニンジン食い競争に駆り立てようとする人間や組織が存在するとしたら、ほとんどの住民が同じ皮膚の色をし、黒い髪と黒い瞳をもち、同じ言語を話し、米を主食とする人々で構成された島国の日本はとても都合が良いのではないでしょうか。

現在はといえば、十年も二十年も前よりも、よりいっそうタイトな状況の中で、他人に気を使い、同時に他人を監視しながら、よりいっそう用心深く生きていかなければならない世の中になってきたように思われます。

それは何か表立ったものから強制された不自由ではなく、一見やり放題、言い放題の世の中と思われている時代に似つかわしくない、自主規制的な不自由です。そんな不自由さを抱えて、怒りや不安、孤独をどこに、どうぶつけてよいかわからないまま、多くの人々が、特に若者が、悶々と生きているよう感じられます。

たとえ勇気をふりしぼって不満の声を上げても、誰も本気に聞いてくれません。迎合するような聞き手の微笑みは無言で告げています。

「どうぞご自由に。何を言おうが、何をやろうがあなたの自由ですよ。誰も止めやしません。ただ、誰かが共感してくれるだろうなどと甘ったれた期待だけはしないでください。あなたの表現の自由は認めます。だから、私の耳をふさぐ自由も認めてください。」

目立つ行動を取ったものは他から叩かれ、荒波を立てずに賢く立ち回った人は心を窒息させたまま、やがて亡くなっていくのでしょうか。

そして、うわべだけの優しさには誰もがうんざりしています。

そんな中であるからこそ、人々は逆に目に見えない締め付けのようなものを求めるのでしょうか。保守的な懐古趣味に向かう人が増えているのが気になります。

それにしても、戦後のあの貧しく、苦しかった昭和の時代を美化し、懐かしむ人たちが増えてきているのは、いったいどういうことなのでしょう。

東北地方の片田舎の故郷の町外れの丘の上には、孤児院が建っていました。昭和二四年に小学一年生になった私のクラスには、明らかに歳上と思われる少年たちが数人おりました。当時「浮浪児」と呼ばれていた戦争孤児です。また当時は「浮浪児狩り」という言葉もありました。彼等は上野駅で「狩られて」、田舎の孤児院に送られてきたのです。

親に付けられた名前も、生年月日もわからない少年たちです。読み書きがまったくできない子どもは、たとえ体がどんなに大きくても小学校一年生のクラスに入れられました。まるで生気を抜かれたようにひっそりと教室の隅に座っている痩せて背の高い少年がいました。手のつけられないほど粗暴なふるまいをする大柄な少年もいました。中学校までは一緒でしたが、彼らは中学卒業と同時に「金の卵」と呼ばれ、再び夜行列車で上野駅に帰されていきました。

それから三五年後のクラス会には、かつて戦争孤児と呼ばれた友人の姿はほとんどありませんでした。みんな五十歳を待たずに亡くなっていたのです。

あの痩せて背の高い寡黙な少年とは、小学一年生から中学三年生までの九年間一緒のクラスでした。それでいながら、ただの一度も言葉を交わすことはありませんでした。そんな彼が、中学卒業後、東京の零細企業に就職するや、何度も何度も手紙をくれました。「仕事が辛い」ということが繰り返し書いてありました。その彼も三十歳前後で亡くなってしまいました。そんな昭和の時代が、今になってどうして美化され、もてはやされるのでしょうか。

自由と孤独とは表裏一体であるのは誰でも知っているのに、孤独に耐えきれずに、あえて不自由の中に身を投じていく私たちは、まるで水が低い地を求めて流れて行くように一か所に集まっていきます。

孤独を逃れるいちばんの方法は「群れ」をつくることでしょう。そして、最高の「群れ」は、取りも直さず家族であると誰もが考えます。

安定した家族には、表立った強制や従属関係はなくとも、無言の約束や責任ある関係が存在し、求心力があります。父親が父親なりの役割をもち、母親もその役目をもち、子どもたちは子どもなりの立ち位置を知っていて、それぞれが有機的に、建設的に機能すれば、家庭は社会の中で最も安全な最少単位となり、家族は安寧な日々を送れるはずです。

ところが現実の家庭と家族には次から次と問題が発生するのです。

ここで私が書いたことは、家事調停委員としてかかわってきたさまざまの経験のほんの一部です。民事調停委員の任期は一年後に終了しましたので、家事・民事調停委員としては二九年務めたことになります。

それにしても、この間、世の中は驚くほど変わってしまいました。

もう私の出る幕はありません。

七十歳になって退任する際に、後輩の調停委員の方たちが送別会を開いてくれました。そこでご挨拶をする段になって、何一つとして語るべき言葉が見つからないのに、内心愕然としました。

何もできなかった、何の役にも立たないままの二八年であったということが心に刺さり、退任後も参与員としての任期がまだ五年残っていましたが、敷居が高くて家庭裁判所の中に入れないでいました。

ところが、退任後四年目に入ったある日、突然、二八年間の仕事をあらためて思い出してみよう、そしてその一部でも書いておこうという思いにかりたてられました。昭和二四年につくられた「家庭裁判所」の約七十年の歴史の中で二八年もかかわってきたのだから、何かを書いてみれば、無為に過ごした年月だったという後悔から少しは逃れられるかもしれないと思うようになりました。

書き始めたころは、調停委員であった己に対しても、家庭裁判所、当事者に対しても、どこか鋭い棘のようなものをもっていました。素直になれない部分がそこここに出てきました。ところが、書き進めていくうちに、当時どうしても共感できなかったさまざまな出来事が違った形で理解され始めました。

あのときのあの当事者は、別の考えを伝えたかったのかもしれない。口には出せない別の苦悩をもっていたのかもしれない。それを汲み取ってもらえず、最短距離での問題解決を求められて、辛かったのではなかろうか。

パソコンに向かって、書いては消去し、また書いては消去しているうちに、心の棘が少しずつ丸くなっていくのに気がつきました。ひどくシニカルな理解しかできなかったさまざまの事例が、違った目で見られるようになりました。

それでも、読み返せば、かなり刺々しい書き方が随所に見られます。

そうは言いながら、この本が、急速に変化し続ける現代社会の混沌の中で、家庭内のトラブル、特に夫婦関係、親子関係で、何をよすがに問題を解決すべきか悩まれておられる方々の一助になれたらと願っているのです。もちろん、解決方法はさまざまな形で無数にあります。公的、私的な相談所、支援団体は全国にあります。文学、絵画、音楽、趣味、宗教なども心の安らぎとなるでしょう。その中の一つとして、ぜひ、家庭裁判所の調停というものを「穏やかな法的解決手段」として、身近に知っていただきたいのです。

最後になりましたが、この本を書くよう勧めてくださいました「心理学」専門のお茶の水女子大学名誉教授内田伸子先生、「家族法」専門のお立場からさまざまのご指摘、ご指導をくださいました元新潟大学法学部教授、現創価大学教授南方暁先生、調停委員としてご一緒させていただき、ご鞭撻、ご指導をくださいました弁護士の川上耕先生、叱咤激励とともに最後まで伴走してくださった先輩調停委員の小林裕子さま、表紙のガラス絵を描いてくださった版画家の本望マサ子さま、細かいお心遣いとご配慮を寄せていただきました冨山房インターナショナル編集主幹の新井正光さま、調停の場では常に隣の席からご指導くださいました調停委員の方々、名前こそ忘却してしまいましたが、折にふれ、思い出しては幸せを願わずにはおれない沢山の当事者の方々、特に幼かった子どもさんたちのあどけない姿、多くの方々のお力添えを得て、この本を書き上げることができました。

この場をお借りして深く感謝の言葉を述べさせていただきます。

平成二九年六月吉日

中島信子

中島信子（なかじま　のぶこ）
1942年、福島県須賀川市（旧岩瀬郡須賀川町）に生まれる。
1965年、お茶の水女子大学教育学部英文科卒業。
1970～73年、米国オクラホマ州オクラホマ市在住。
1985年、新潟家庭裁判所調停委員就任。
2000年、新潟地方裁判所・簡易裁判所民事調停委員就任。
2012年、ＦＰＩＣ新潟ファミリー相談室設立、面会交流援助活動参加。
2013年、新潟家庭裁判所家事調停員退任。
2014年、新潟地方裁判所・簡易裁判所民事調停委員退任。

家事調停委員の回想
―漂流する家族に伴走して

2017年7月25日　第1刷発行
2020年4月7日　第2刷発行

著　者　中　島　信　子
発行者　坂　本　喜　杏
発行所　株式会社冨山房インターナショナル
〒101-0051
東京都千代田区神田神保町1-3
TEL 03(3291)2578
FAX 03(3219)4866
URL: www.fuzambo-intl.com
印　刷　株式会社冨山房インターナショナル
製　本　加藤製本株式会社

ISBN 978-4-86600-035-0 C1032